全科プリント　小学5年

この本《ほん》の使《つか》い方《かた》

おうちの方《かた》と
いっしょに読《よ》みましょう。

★ 1枚《まい》が1回分《かいぶん》です。1枚ずつ切《き》り取《と》って使《つか》いましょう。

★ 1回分が終《お》わったら答《こた》え合《あ》わせをし，点数《てんすう》をつけましょう。

★ まちがえた問題《もんだい》は，やり直《なお》しましょう。
最初《さいしょ》から100点を取れることよりも，まちがえたところを理解《りかい》することのほうが大事《だいじ》です。

★「確認《かくにん》テスト」は，学習《がくしゅう》した内容《ないよう》をまとまりごとに復習《ふくしゅう》するテストです。

★ はってんマークのついている問題は，難《むずか》しい問題です。ちょう戦《せん》してみましょう。

★ 英語《えいご》のリスニングマークのついている問題は，音声《おんせい》を聴《き》いて答える問題です。
おうちの人《ひと》のスマートフォン，またはタブレットPCを使って聴いてください。

おうちの方へ

★ **英語の音声再生アプリのご利用方法**

スマートフォン，またはタブレットPCから
下記のURL，またはQRコードにアクセスしてください。
https://gakken-ep.jp/extra/myotomo/

※お客様のインターネット環境および携帯端末によりアプリをご利用できない場合や，音声をダウンロード・再生できない場合，当社は責任を負いかねます。ご理解，ご了承いただきますよう，お願いいたします。アプリは無料ですが，通信料はお客様のご負担になります。

★ **答え合わせについて**

まちがえた問題は，お子さまが理解できるまで指導してあげてください。
答えのページにある アドバイス を指導の参考にしてください。

★ **はってんマークのついた問題について**

はってんマークのついた問題は，学習指導要領の範囲をこえた，発展的な学習内容です。
教科書で扱っている発展内容を中心に掲載しています。

算数 1

小数と整数

目標時間 20 分

学習した日　　月　　日

名前

得点

100点満点

答え ▶ 112ページ

1 □にあてはまる数を書きましょう。　各4点【24点】

① $21.935=10\times\square+1\times\square+0.1\times\square+0.01\times\square+0.001\times\square$

② $1\times7+0.1\times0+0.01\times8+0.001\times4=\square$

2 次の数を書きましょう。　各4点【20点】

① 0.57を10倍，100倍，1000倍した数

10倍(　　　　)　100倍(　　　　)

1000倍(　　　　)

② 6.2を $\frac{1}{10}$，$\frac{1}{100}$ にした数

$\frac{1}{10}$ (　　　　)　$\frac{1}{100}$ (　　　　)

3 次の数は，それぞれ7.09を何倍または何分の1にした数ですか。　各4点【8点】

① 7090　　② 0.0709

(　　　　)　(　　　　)

4 計算をしましょう。　各4点【16点】

① 3.68×10　　② 5.97×100

③ 0.219×100　　④ 18.05×1000

5 計算をしましょう。　各4点【16点】

① $27.4\div10$　　② $956.4\div100$

③ $84.2\div100$　　④ $60.71\div1000$

6 右の□に，1，4，5，9の4まいのカードを1まいずつあてはめて，次の数をつくりましょう。　各4点【16点】

□□.□□

① いちばん小さい数　　② いちばん大きい数

(　　　　)　(　　　　)

③ 90にいちばん近い数　　④ 50にいちばん近い数

(　　　　)　(　　　　)

算数 2

小数のかけ算①

目標時間 20 分

学習した日　月　日

名前

得点

100点満点

答え ▶ 112ページ

1 □にあてはまる数を書きましょう。　各5点【10点】

① $9\times0.6=9\times6\div\square=\square$　（全部できて5点）

② $1.2\times0.6=12\times6\div\square=\square$　（全部できて5点）

2 計算をしましょう。　各5点【45点】

① 26×3.7　② 70×8.9　③ 1.2×4.6

④ 0.72×4.8　⑤ 0.29×2.6　⑥ 0.75×0.18

⑦ 0.37×0.23　⑧ 5.63×3.4　⑨ 9.02×0.85

3 $72\times45=3240$をもとにして，次の積を求めましょう。　各5点【15点】

① 7.2×45　（　　　）

② 7.2×4.5　（　　　）

③ 0.72×0.45　（　　　）

4 1m75円のリボンを4.2m買いました。代金は何円ですか。　式5点，答え5点【10点】

（式）

答え＿＿＿＿＿＿

5 1mの重さが2.6kgのパイプがあります。このパイプ0.86mの重さは何kgですか。　式5点，答え5点【10点】

（式）

答え＿＿＿＿＿＿

6 ある数に3.4をかけるのを，まちがえて3.4をたしてしまったので，答えが10.9になりました。

このかけ算の正しい答えを求めましょう。　式5点，答え5点【10点】

（式）

答え＿＿＿＿＿＿

算数 3

小数のかけ算②

目標時間 20 分

学習した日　月　日

名前

得点

100点満点

答え ▷ 112ページ

1 ①，②のそれぞれで，積がかけられる数より大きくなるほうを選んで，記号で答えましょう。　各6点【12点】

① ㋐ 1.8×1.4
　 ㋑ 1.8×0.8

（　　　）

② ㋐ 6×0.99
　 ㋑ 6×1.01

（　　　）

2 計算のきまりを使って，くふうして計算しましょう。　各10点【40点】

① 6.9×2.5×4

② 3.7×2.7+6.3×2.7

③ 95×0.8

④ 3.2×2.5

3 右の長方形の面積は何cm^2ですか。　式6点，答え6点【12点】

（式）

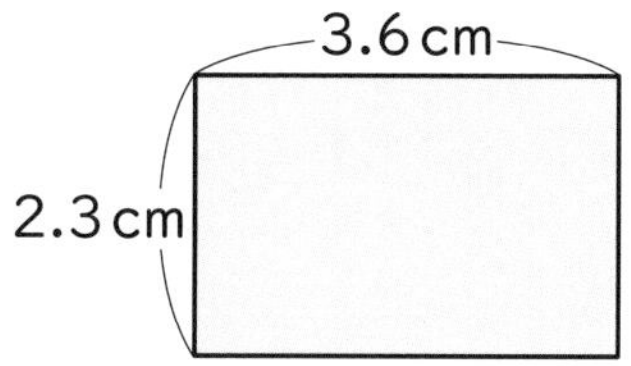

答え＿＿＿＿＿＿

4 油が，A《エー》の容器《ようき》に15L，B《ビー》の容器に6L入っています。　式6点，答え6点【36点】

① Aの容器の油のかさは，Bの容器の油のかさの何倍ですか。

（式）

答え＿＿＿＿＿＿

② Bの容器の油のかさは，Aの容器の油のかさの何倍ですか。

（式）

答え＿＿＿＿＿＿

③ C《シー》の容器には，Aの容器の2.4倍のかさの油が入っています。Cの容器に入っている油のかさは何Lですか。

（式）

答え＿＿＿＿＿＿

小数のわり算①

目標時間 20 分

学習した日　　月　　日

名前

得点

100点 満点

答え ▶ 112ページ

1 □にあてはまる数を書きましょう。　全部できて【6点】

8÷1.6＝(8×□)÷(1.6×10)

＝□÷□＝□

2 わりきれるまで計算しましょう。　各6点【54点】

① 1.7)6.8

② 2.9)75.4

③ 1.7)8.16

④ 6.3)5.04

⑤ 1.2)3

⑥ 3.5)2.1

⑦ 0.75)3.27

⑧ 0.22)18.7

⑨ 1.65)8.91

3 リボンを3.2 m買ったら，代金が480円でした。このリボン1 mのねだんは，何円ですか。　式5点，答え5点【10点】

（式）

答え ＿＿＿＿＿＿

4 4.6 mの重さが39.1 gのはり金があります。このはり金1 mの重さは，何gですか。　式5点，答え5点【10点】

（式）

答え ＿＿＿＿＿＿

5 面積が9 m^2で，たての長さが2.4 mの長方形の花だんがあります。この花だんの横の長さは何mですか。　式5点，答え5点【10点】

（式）

答え ＿＿＿＿＿＿

6 しょう油が7.8 Lあります。1日に0.65 Lずつ使うと，何日で使いきりますか。　式5点，答え5点【10点】

（式）

答え ＿＿＿＿＿＿

小数のわり算②

目標時間 20分

学習した日　月　日

名前

得点

100点満点

答え ▶ 112ページ

1 次のうち，商が15より大きくなる式を全部選んで，記号で答えましょう。【4点】

㋐ 15÷1.5　　㋑ 15÷0.93

㋒ 15÷0.1　　㋓ 15÷1.02

(　　　　　　)

2 商は一の位まで求めて，あまりも出しましょう。検算《けんざん》もしましょう。計算6点，検算6点【48点】

① 1.7)8.4

検算

(　　　　　　)

② 3.1)2 0.5

検算

(　　　　　　)

③ 2.6)4 7.8

検算

(　　　　　　)

④ 5.2)6 3

検算

(　　　　　　)

3 商は $\frac{1}{10}$ の位まで求めて，あまりも出しましょう。各6点【18点】

① 1.3)9.4　　② 4.9)1 8.6 1　　③ 0.85)0.6

4 342÷18＝19をもとにして，次の商を求めましょう。各5点【10点】

① 342÷1.8　(　　　　　　)

② 34.2÷0.18　(　　　　　　)

5 42.5 kgのさとうを，1.6 kgずつふくろにつめると，何ふくろできて，何kgあまりますか。式5点，答え5点【10点】

(式)

答え ＿＿＿＿＿＿＿＿

6 なわとびのなわをつくるために，50 mのひもを，2.3 mずつに切りました。なわは何本とれて，何mあまりますか。式5点，答え5点【10点】

(式)

答え ＿＿＿＿＿＿＿＿

算数 6

小数のわり算③

目標時間 20 分

学習した日　月　日

名前

得点

100点満点

答え ▶ 113ページ

1 商は四《し》捨《しゃ》五《ご》入《にゅう》して，$\frac{1}{10}$ の位までのがい数で求めましょう。

各4点【12点】

① 0.7)4.3　② 4.9)22.8　③ 3.8)9.05

2 商は四捨五入して，上から2けたのがい数で求めましょう。

各4点【12点】

① 2.1)6.5　② 8.7)5.9　③ 0.52)18.4

3 次の問題に答えましょう。

式4点，答え4点【16点】

① 6.3 mは，1.4 mの何倍ですか。

（式）

答え

② 3.06 Lは，4.5 Lの何倍ですか。

（式）

答え

4 3 Lの水を7本のびんに等分すると，1本分は何Lになりますか。答えは四捨五入して，上から2けたのがい数で求めましょう。

式10点，答え5点【15点】

（式）

答え

5 長方形の形をした面積が12 m^2 の花だんをつくります。たての長さを4.2 mとするとき，横の長さは何mにすればよいですか。答えは四捨五入して，$\frac{1}{10}$ の位までのがい数で求めましょう。

式10点，答え5点【15点】

（式）

答え

6 みずほさんのお父さんの体重は60 kgで，お母さんの体重は51 kgです。また，お父さんの体重は，みずほさんの体重の1.6倍だそうです。

式10点，答え5点【30点】

① お母さんの体重は，お父さんの体重の何倍ですか。

（式）

答え

② みずほさんの体重は何kgですか。

（式）

答え

答え 113ページ

確認《かくにん》テスト①

1 □にあてはまる数を書きましょう。　各6点【18点】

① □ $=10\times6+1\times5+0.1\times1+0.01\times0+0.001\times4$

② 890は，8.9を □ 倍した数です。

③ 14.9を $\frac{1}{100}$ にした数は □ です。

2 右の□に，0，1，5，9 の4まいのカードをあてはめて，次の数をつくりましょう。　各6点【12点】

□.□□□

① いちばん小さい数

(　　　　　)

② 1にいちばん近い数

(　　　　　)

3 計算をしましょう。　各7点【21点】

① $\begin{array}{r} 5.2 \\ \times 5.9 \\ \hline \end{array}$

② $\begin{array}{r} 0.74 \\ \times\ \ 3.5 \\ \hline \end{array}$

③ $\begin{array}{r} 0.39 \\ \times 1.28 \\ \hline \end{array}$

4 わりきれるまで計算しましょう。　各7点【21点】

① 4.7)61.1

② 3.8)4.75

③ 0.04)15

5 5Lの油を，びんに0.4Lずつ分けて入れると，何本できて，何Lあまりますか。　式7点，答え7点【14点】

(式)

答え ＿＿＿＿＿＿＿＿

6 長方形の形をした土地があります。横の長さは5.1mで，たての長さの0.68倍だそうです。この土地の面積は，何m^2ですか。　式7点，答え7点【14点】

(式)

答え ＿＿＿＿＿＿＿＿

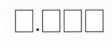

体 積①

目標時間 20 分

学習した日　月　日

名前

得点

100点満点

答え ▷ 113ページ

1 次の直方体や立方体の体積は，何cm^3ですか。式5点，答え5点【30点】

①
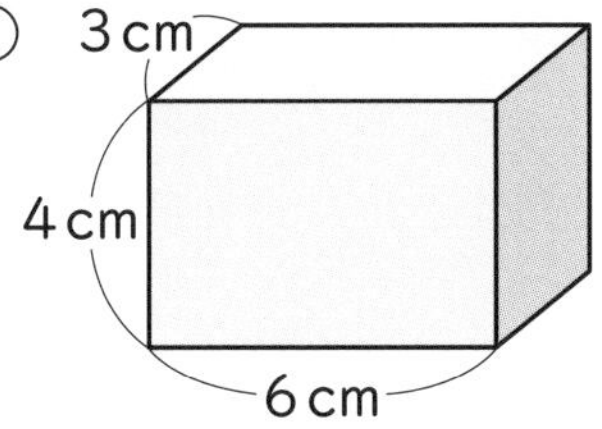

（式）

答え

②
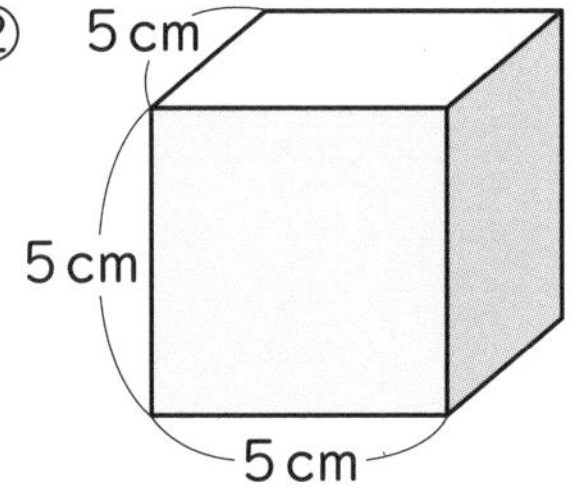

（式）

答え

③
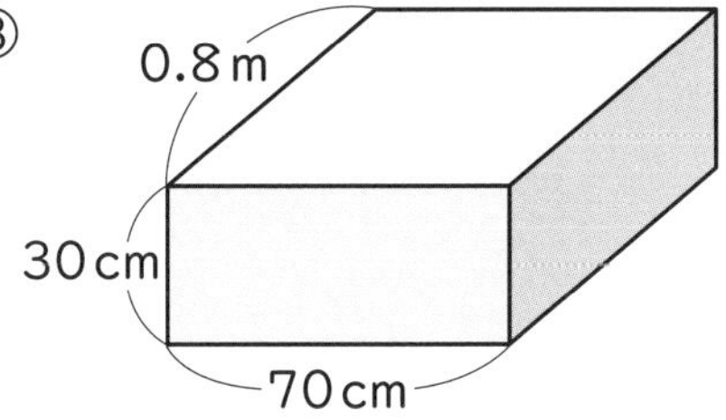

（式）

答え

2 下の展開《てんかい》図《ず》を組み立ててできる直方体の体積を求めましょう。

式6点，答え6点【12点】

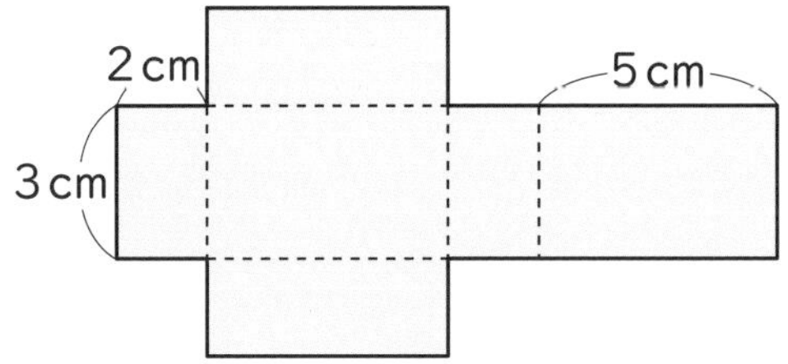

（式）

答え

3 次の直方体や立方体の体積は，何m^3ですか。式5点，答え5点【30点】

①
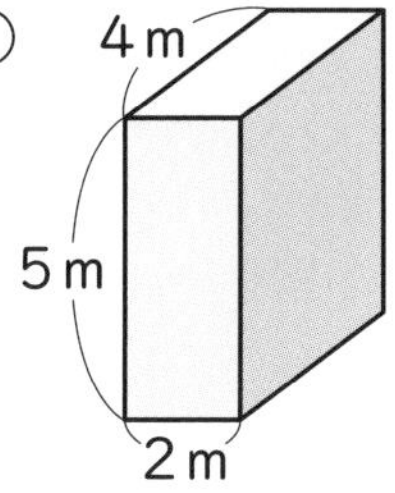

（式）

答え

②
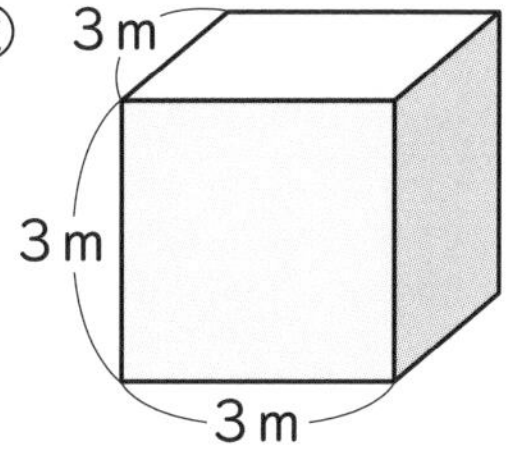

（式）

答え

③
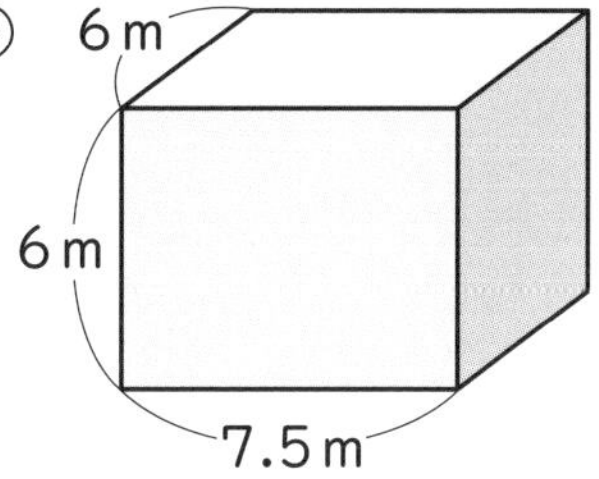

（式）

答え

4 □にあてはまる数を書きましょう。各7点【28点】

① 7 m^3＝□cm^3　② 40 m^3＝□cm^3

③ 3000000 cm^3＝□m^3　④ 900000 cm^3＝□m^3

体　積②

目標時間 20 分

学習した日　　月　　日

名前

得点

100点 満点

答え ▶ 113ページ

1 次のような形の体積を求めましょう。　式7点，答え7点【56点】

①

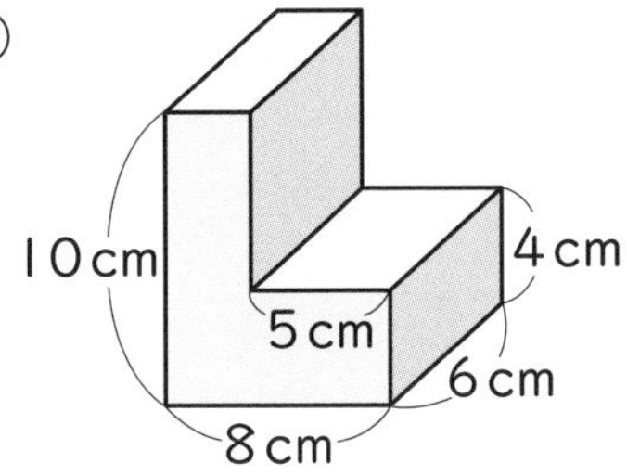

（式）

答え

②

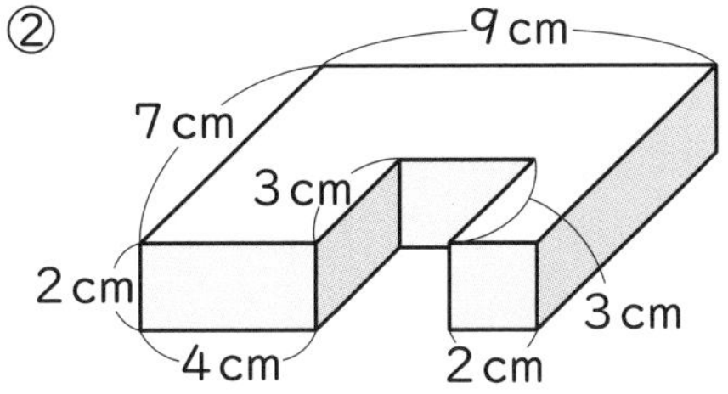

（式）

答え

③

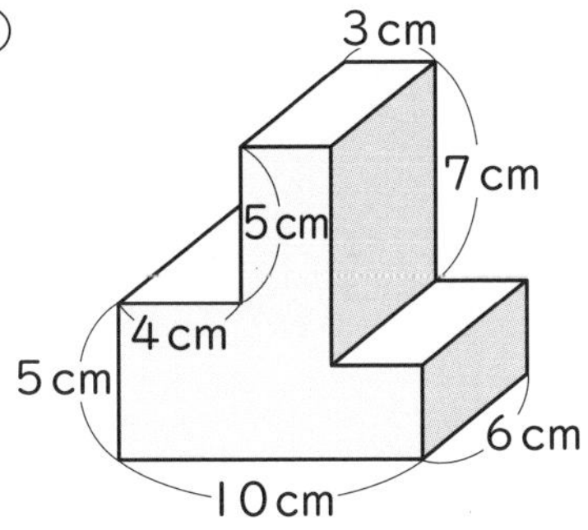

（式）

答え

④

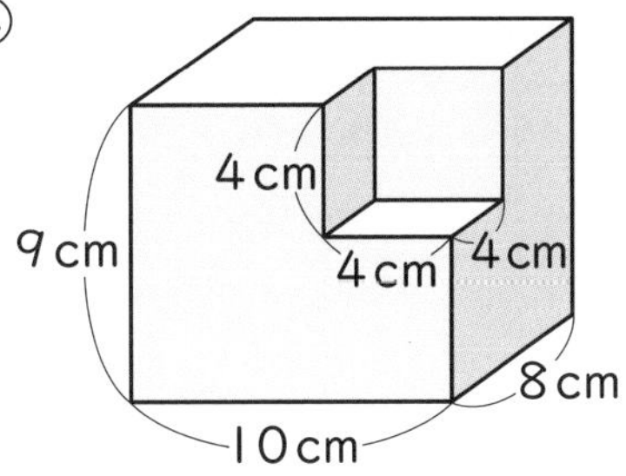

（式）

答え

2 内側の長さが右の図のような，直方体の形をした入れ物に，水を6L入れました。　①8点，②式7点，答え7点【22点】

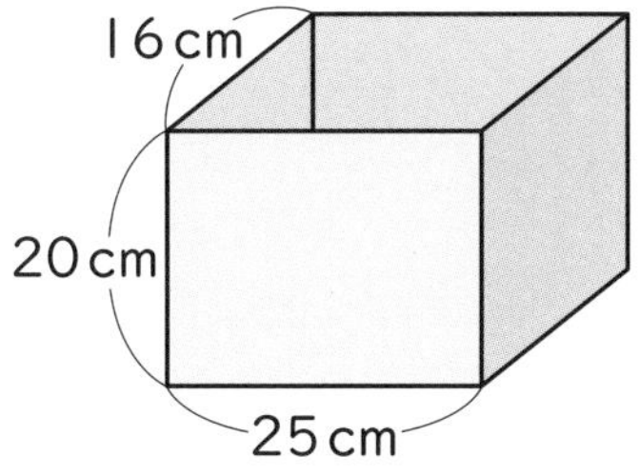

① 入れた水の体積は，何cm^3ですか。

（　　　　　）

② 水の深さは何cmになりますか。

（式）

答え

3 右のような形をした容器《ようき》のおよその体積を求めましょう。　式7点，答え7点【14点】

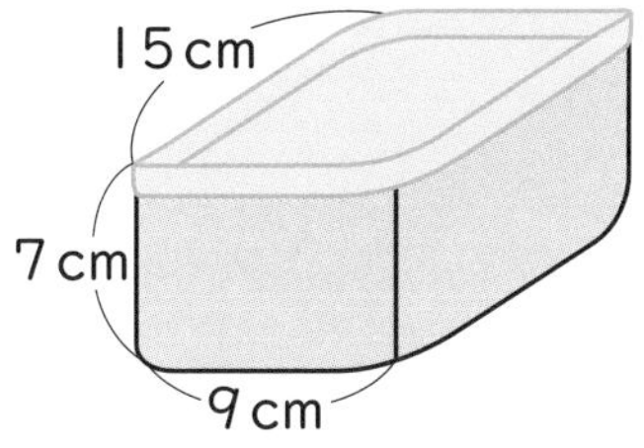

（式）

答え

4 直方体A《エー》と直方体B《ビー》は，たてと横の長さがそれぞれ等しく，高さは，直方体Aが6cm，直方体Bが18cmです。直方体Aの体積が180cm^3のとき，直方体Bの体積は何cm^3ですか。　【8点】

（　　　　　）

合同な図形

目標時間 20 分

学習した日　　月　　日

名前

得点

100点満点

答え ▶ 113ページ

1 合同な図形を見つけ，記号で答えましょう。　各10点【30点】

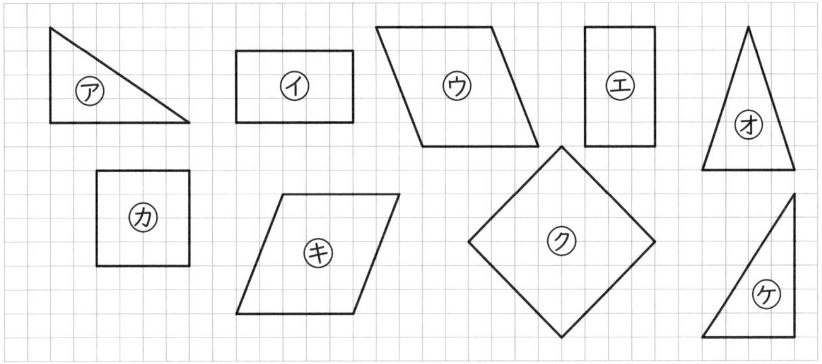

(　　と　　)　(　　と　　)　(　　と　　)

2 下の㋐と㋑の四角形は合同です。次の問いに答えましょう。　各10点【40点】

① 頂点《ちょうてん》A《エー》に対応《たいおう》する頂点はどれですか。

(　　　　)

② 辺AD《ディー》に対応する辺はどれですか。

(　　　　)

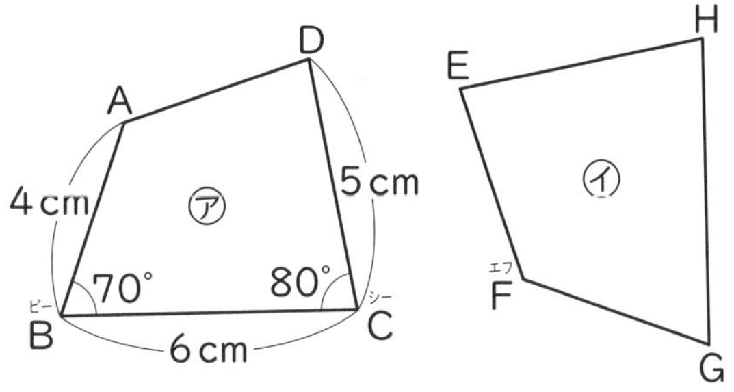

③ 辺EH《イーエイチ》の長さは何cmですか。

(　　　　)

④ 角G《ジー》の大きさは何度ですか。

(　　　　)

3 次の三角形をかきましょう。　各10点【20点】

① 3つの辺の長さが4cm，3.5cm，3cmの三角形

② 1つの辺の長さが3cmで，その両はしの角の大きさが50°と70°の三角形

4 下の四角形と合同な四角形をかきましょう。　【10点】

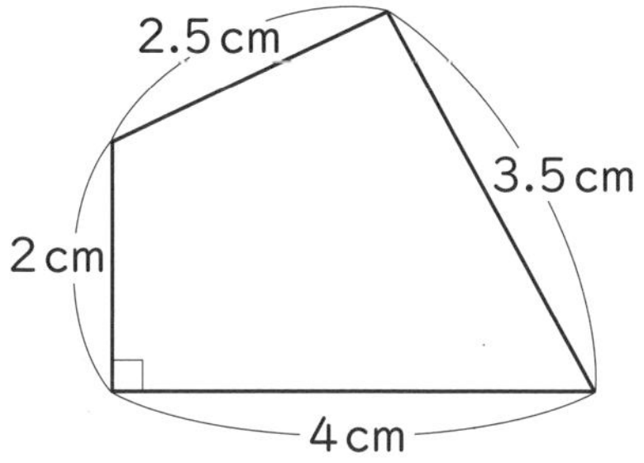

三角形の角

目標時間 20 分

学習した日　月　日

名前

得点

100点満点

答え ▷ 114ページ

1 次の問題に答えましょう。　①6点，②式5点，答え5点【16点】

① 三角形の3つの角の大きさの和は，何度ですか。

(　　　　　　　　)

② ①から考えて，正三角形の1つの角の大きさを，計算で求めましょう。

(式)

答え＿＿＿＿＿＿＿＿

2 ㋐，㋑，㋒の角度を求めましょう。　式6点，答え6点【36点】

①

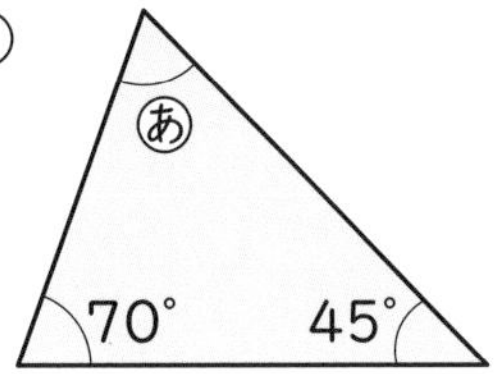

(式)

答え＿＿＿＿＿＿＿＿

②

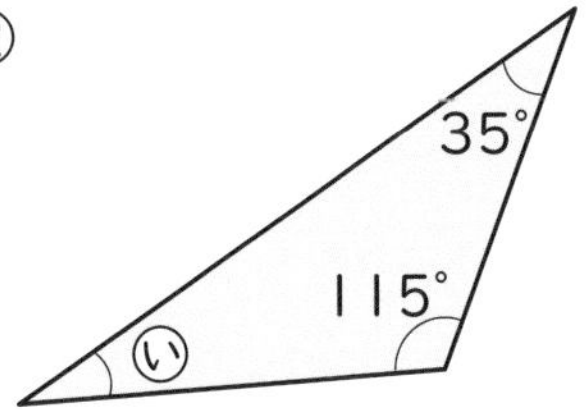

(式)

答え＿＿＿＿＿＿＿＿

③

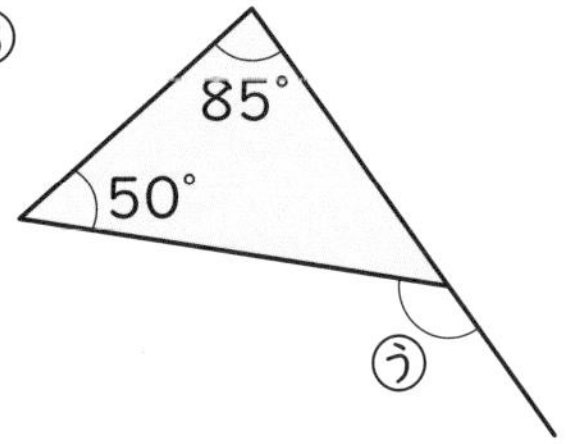

(式)

答え＿＿＿＿＿＿＿＿

3 下の図は，どれも二等辺三角形で，同じ印をつけた辺の長さが等しくなっています。㋐，㋑，㋒の角度を求めましょう。　式6点，答え6点【36点】

①

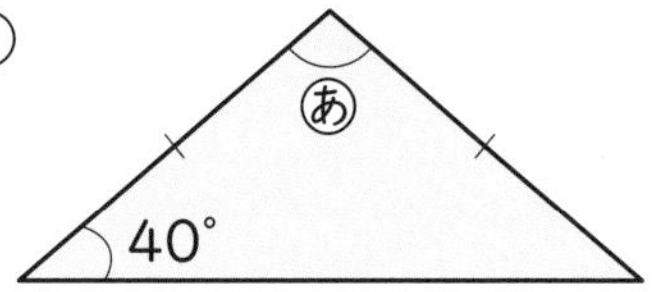

(式)

答え＿＿＿＿＿＿＿＿

②

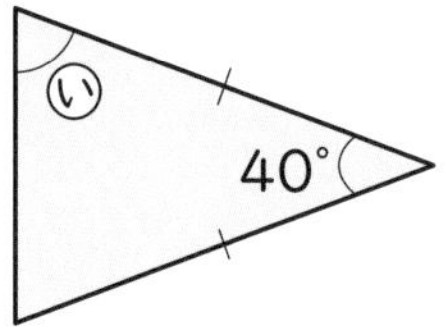

(式)

答え＿＿＿＿＿＿＿＿

③

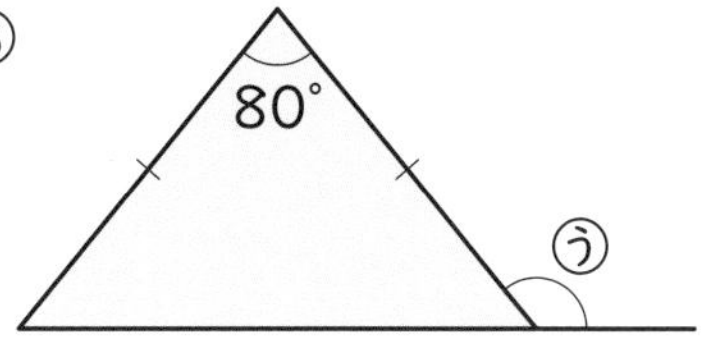

(式)

答え＿＿＿＿＿＿＿＿

4 下の図で，三角形ABC《エービーシー》は正三角形，三角形CD《ディー》Aは，辺CDと辺CAの長さが等しい二等辺三角形です。㋐の角度を求めましょう。　式6点，答え6点【12点】

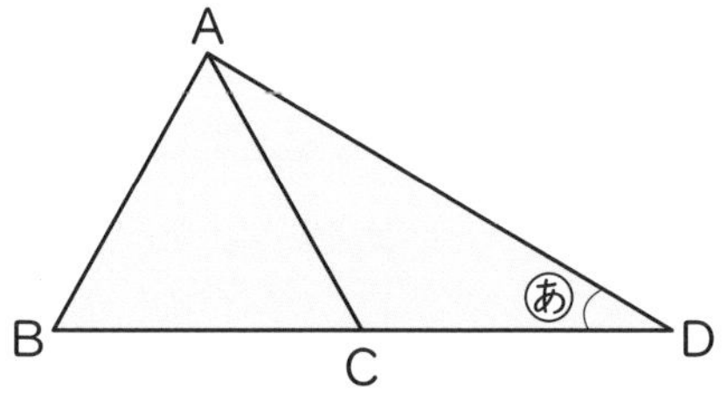

(式)

答え＿＿＿＿＿＿＿＿

算数 12

四角形・多角形の角

目標時間 20 分

学習した日　　月　　日

名前

得点

100点 満点

答え ▶ 114ページ

1 (あ)，(い)，(う)の角度を求めましょう。　式7点，答え7点【42点】

①

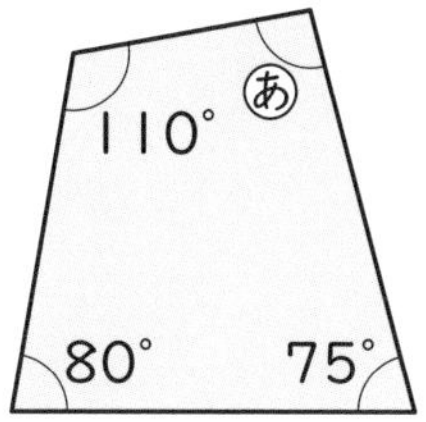

（式）

答え

② 平行四辺形

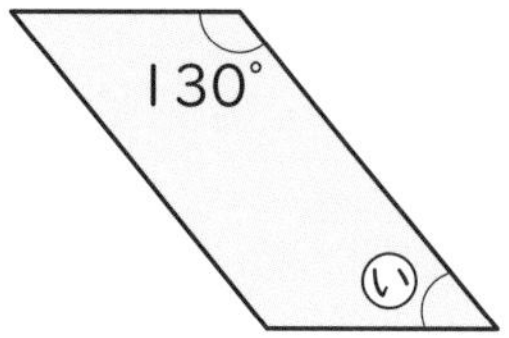

（式）

答え

③

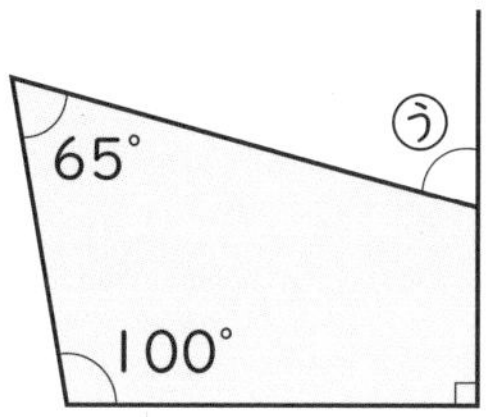

（式）

答え

2 右の八角形について，次の問題に答えましょう。　各6点【12点】

① 八角形は，１つの頂点《ちょうてん》から対角線をひくと，いくつの三角形に分けられますか。

（　　　　　　）

② ①から考えて，八角形の８つの角の大きさの和は何度ですか。

（　　　　　　）

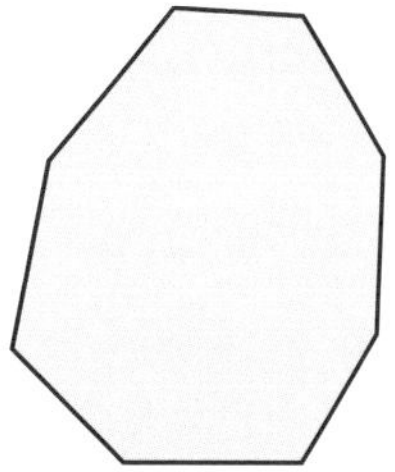

はってん

3 右の図のような，星形の図形があります。　各7点【28点】

① 角ア＋角ウは，何度ですか。

（　　　　　　）

② 角イ＋角エは，何度ですか。

（　　　　　　）

③ 角オは，何度ですか。

（　　　　　　）

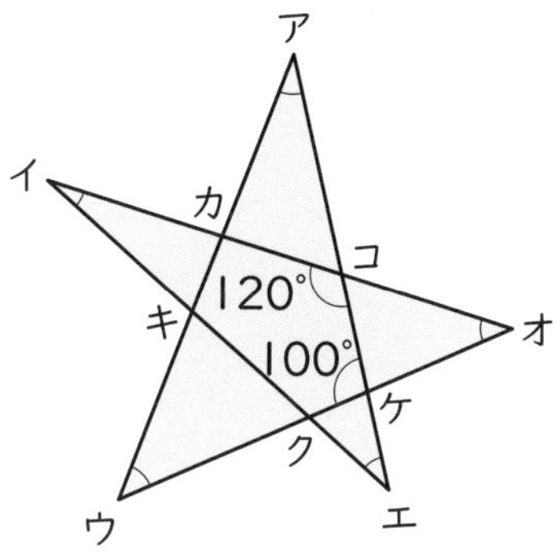

④ 角ア＋角イ＋角ウ＋角エ＋角オは，何度ですか。

（　　　　　　）

はってん

4 右の三角形や四角形の外側の角の大きさを調べます。　各6点【18点】

① 右の三角形で，(あ)，(い)，(う)の角の大きさの和は何度になりますか。

（　　　　　　）

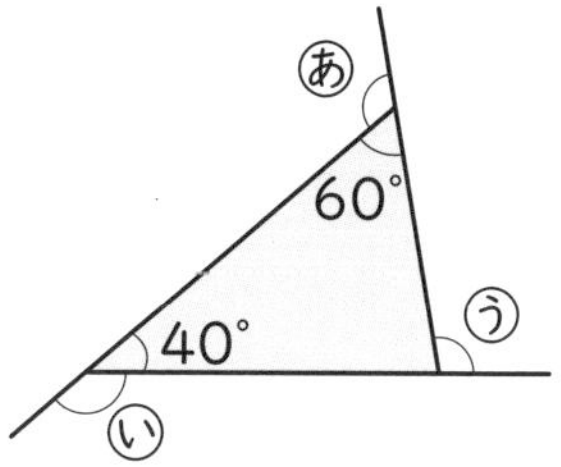

② 右の四角形で，(か)，(き)，(く)，(け)の角の大きさの和は何度になりますか。

（　　　　　　）

③ ①，②から考えて，多角形の外側の角の大きさの和は何度になりますか。

（　　　　　　）

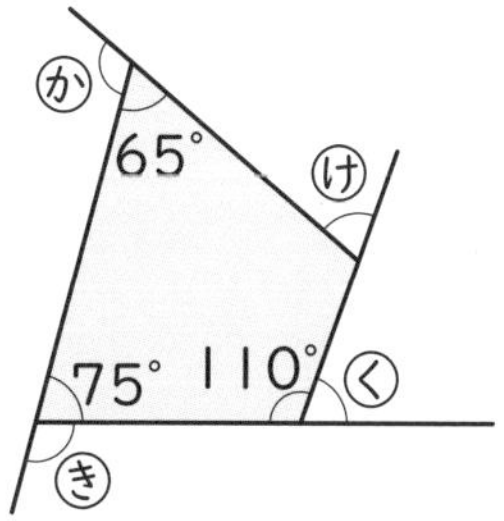

偶数《ぐうすう》と奇数《きすう》

目標時間 20 分

学習した日　　月　　日

名前

得点

100点満点

答え ▶ 114ページ

1 次の数が偶数《ぐうすう》なら○を，奇数《きすう》なら△を，(　)に書きましょう。　各3点【36点】

① 7 (　　)　② 4 (　　)　③ 0 (　　)

④ 11 (　　)　⑤ 10 (　　)　⑥ 38 (　　)

⑦ 209 (　　)　⑧ 415 (　　)　⑨ 9000 (　　)

⑩ 42318 (　　)　⑪ 700127 (　　)　⑫ 32169704 (　　)

2 偶数，奇数について，次の問題に答えましょう。　各4点【28点】

① □にあてはまる数を書きましょう。

㋐ 4＝2×□　　㋑ 7＝2×□＋1

㋒ 16＝2×□　　㋓ 45＝2×□＋1

㋔ 80＝2×□　　㋕ 99＝2×□＋1

② ある数が，①のように，2×□，または2×□＋1のどちらの式で表されるか調べたら，2×□＋1で表されることがわかりました。この数は，偶数，奇数のどちらですか。

(　　　　)

3 0，3，5，8の4つの数字を1回ずつ使って，4けたの整数をつくります。次の問題に答えましょう。　各4点【16点】

① いちばん大きい偶数といちばん小さい偶数は，それぞれいくつですか。

㋐ いちばん大きい偶数 (　　　　)

㋑ いちばん小さい偶数 (　　　　)

② いちばん大きい奇数といちばん小さい奇数は，それぞれいくつですか。

㋐ いちばん大きい奇数 (　　　　)

㋑ いちばん小さい奇数 (　　　　)

4 次の答えは，偶数，奇数のどちらになりますか。　各4点【12点】

① 偶数＋奇数 (　　　　)

② 奇数＋奇数 (　　　　)

③ 偶数＋偶数 (　　　　)

5 赤い色紙と青い色紙が，あわせて15まいあります。　各4点【8点】

① 赤い色紙のまい数が偶数なら，青い色紙のまい数は，偶数，奇数のどちらですか。

(　　　　)

② 赤い色紙のまい数が奇数なら，青い色紙のまい数は，偶数，奇数のどちらですか。

(　　　　)

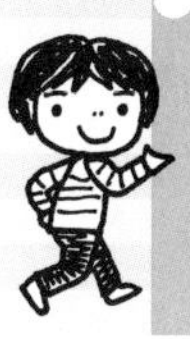

算数 14

倍数と約数

目標時間 20 分

学習した日　　月　　日

名前

得点

100点満点

答え ▶ 114ページ

1 1から50までの整数について答えましょう。　各4点【16点】

① 6の倍数を全部書きましょう。

(　　　　　　　　)

② 8の倍数を全部書きましょう。

(　　　　　　　　)

③ 6と8の公倍数を全部書きましょう。

(　　　　　　　　)

④ 6と8の最小公倍数を書きましょう。

(　　　　)

2 次の問題に答えましょう。　各4点【16点】

① 18の約数を全部書きましょう。

(　　　　　　　　)

② 30の約数を全部書きましょう。

(　　　　　　　　)

③ 18と30の公約数を全部書きましょう。

(　　　　　　　　)

④ 18と30の最大公約数を書きましょう。

(　　　　)

3 〔　〕の中の数の最小公倍数を書きましょう。　各4点【16点】

① 〔4，7〕 (　　　　)

② 〔9，27〕 (　　　　)

③ 〔10，15〕 (　　　　)

④ 〔4，6，20〕 (　　　　)

4 〔　〕の中の数の最大公約数を書きましょう。　各4点【16点】

① 〔15，21〕 (　　　　)

② 〔16，48〕 (　　　　)

③ 〔8，20〕 (　　　　)

④ 〔24，42〕 (　　　　)

5 ある駅を，電車は8分おきに，バスは10分おきに出発します。午前7時に，電車とバスが同時に出発しました。次に同時に出発するのは，何時何分ですか。　【12点】

(　　　　)

6 りんご32個《こ》と，みかん24個を，それぞれ同じ数ずつ，できるだけ多くの人にあまりが出ないように分けます。　各8点【24点】

① 何人に分けられますか。

(　　　　)

② りんごとみかんは，それぞれ1人何個ずつになりますか。

りんご(　　　　)　みかん(　　　　)

確認《かくにん》テスト②

目標時間 20 分

学習した日　　月　　日

名前

得点

100点満点

答え ▶ 114ページ

1 次の立方体や直方体の体積を求めましょう。　式10点，答え5点【30点】

①

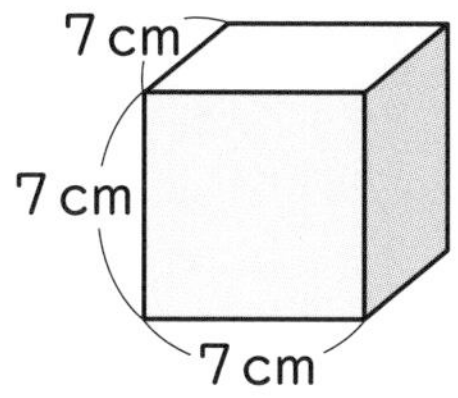

（式）

答え ＿＿＿＿＿＿

②

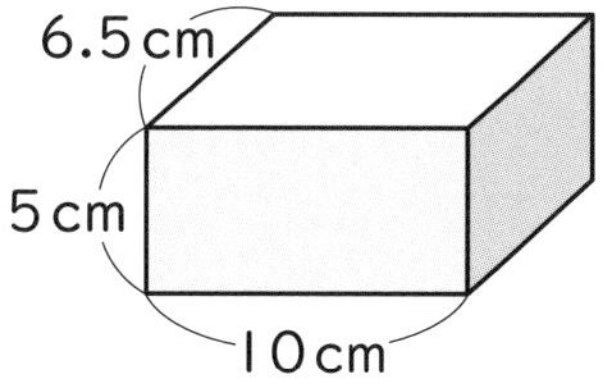

（式）

答え ＿＿＿＿＿＿

2 あ，いの角度を求めましょう。　式10点，答え5点【30点】

①

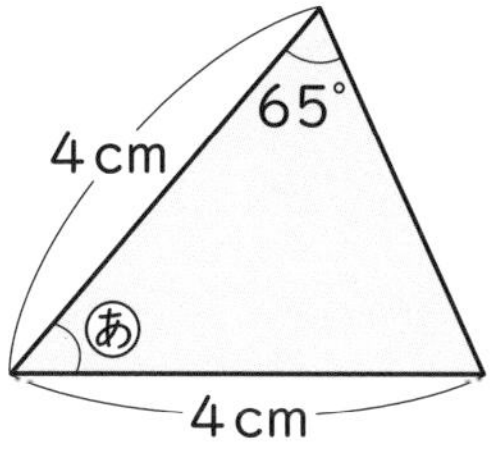

（式）

答え ＿＿＿＿＿＿

②

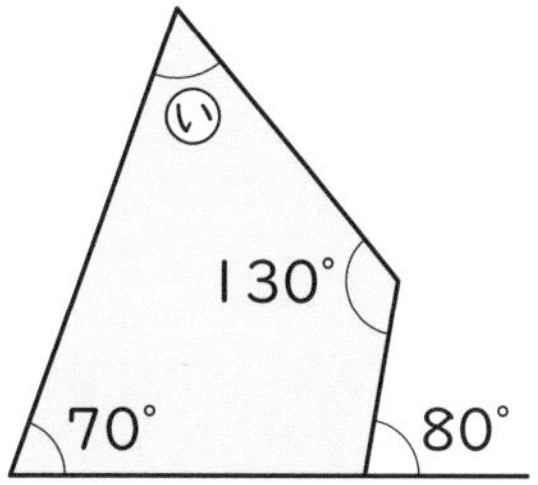

（式）

答え ＿＿＿＿＿＿

3 右の㋐と㋑の三角形は合同です。次の問いに答えましょう。　各5点【10点】

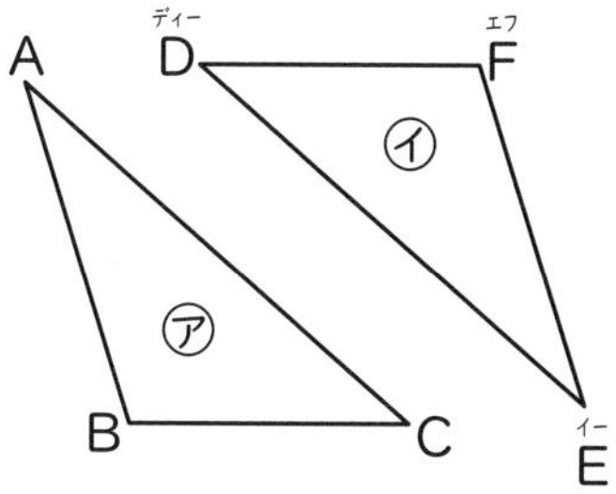

① 頂点《ちょうてん》B《ビー》に対応《たいおう》する頂点はどれですか。

（　　　　　）

② 辺AC《エーシー》に対応する辺はどれですか。

（　　　　　）

4 次の問題に答えましょう。　各5点【20点】

① 7265014は，偶数《ぐうすう》ですか，奇数《きすう》ですか。

（　　　　　）

② 24の約数を全部書きましょう。

（　　　　　　　　　　）

③ 12と18の最小公倍数と最大公約数を書きましょう。

㋐ 最小公倍数（　　　　）　㋑ 最大公約数（　　　　）

5 たて10cm，横6cmの長方形の紙を，同じ向きにすきまなくならべて正方形をつくります。いちばん小さい正方形の1辺の長さは何cmになりますか。　【10点】

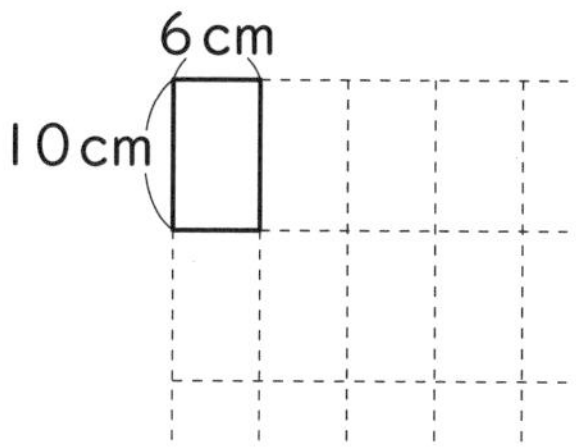

（　　　　　）

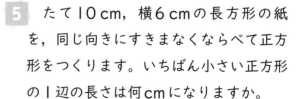

算数

16 平《へい》 均《きん》

目標時間 20分

学習した日　　月　　日

名前

得点

100点満点

答え ▷ 115ページ

1 次の長さの平均《へいきん》を求めましょう。　式7点，答え7点【14点】

6 cm，5 cm，12 cm，9 cm

（式）

答え ＿＿＿＿＿＿＿＿

2 右の表は，5年1組で，先週，図書室を利用した人数を調べたものです。利用した人数は，1日平均何人ですか。　式7点，答え7点【14点】

図書室を利用した人数

曜日	月	火	水	木	金
人数(人)	9	4	8	0	6

（式）

答え ＿＿＿＿＿＿＿＿

3 本を，1日に平均14ページ読みます。　式7点，答え7点【28点】

① 1週間では，何ページ読むことになりますか。

（式）

答え ＿＿＿＿＿＿＿＿

② 350ページ読むのに，何日かかりますか。

（式）

答え ＿＿＿＿＿＿＿＿

4 右の表は，A《エー》はんとB《ビー》はんの子どもがソフトボール投げをしたときの記録です。どちらのはんの子どものほうが，記録がよかったといえますか。　式7点，答え7点【14点】

ソフトボール投げの記録（m）

Aはん	16	24	20	19	17	
Bはん	15	17	18	21	23	14

（式）

答え ＿＿＿＿＿＿＿＿

5 おとな6人と子ども9人が，それぞれ分かれてくりひろいをしたら，おとな1人の個《こ》数の平均が19個，子ども1人の個数の平均が14個でした。おとなと子どもをあわせた全体では，1人平均何個ひろいましたか。　式7点，答え7点【14点】

（式）

答え ＿＿＿＿＿＿＿＿

6 たかしさんの歩はばの平均は，約0.64 mです。たかしさんが家から駅まで歩いたら，418歩ありました。家から駅まで約何mありますか。上から2けたのがい数で求めましょう。　式8点，答え8点【16点】

（式）

答え ＿＿＿＿＿＿＿＿

単位量あたりの大きさ

1 A《エー》とB《ビー》のすな場で，子どもが遊んでいます。すな場の面積と，遊んでいる子どもの人数は，右の表のとおりです。

すな場の面積と子どもの人数

	面積(m^2)	人数(人)
A	10	14
B	14	21

どちらのすな場のほうがこんでいますか。1 m^2 あたりの子どもの人数で比《くら》べましょう。　式8点，答え8点【16点】

(式)

答え

2 右の表は，東市と西市の面積と人口を表したものです。
①式8点，答え8点，②8点【24点】

東市と西市の面積と人口

	面積(km^2)	人口(人)
東市	94	119800
西市	143	162400

① 東市と西市の人口密《みつ》度《ど》を，上から2けたのがい数で求めましょう。

(式)

答え　東市　　　　　，西市

② 東市と西市で，こんでいるのはどちらですか。

(　　　　　)

3 Aの自動車は，35 Lのガソリンで560 km走ります。Bの自動車は，45 Lのガソリンで630 km走ります。ガソリンの使用量のわりに走る道のりが長いのは，どちらの自動車ですか。1 Lあたりに走る道のりで比べましょう。　式8点，答え8点【16点】

(式)

答え

4 8個《こ》で344円の消しゴムと，6個で276円の消しゴムでは，1個あたりのねだんはどちらが高いですか。　式8点，答え8点【16点】

(式)

答え

5 畑に，1 m^2 あたり0.3 kgの肥《ひ》料《りょう》をまきます。式7点，答え7点【28点】

① 6 kgの肥料では，何 m^2 の畑にまくことができますか。

(式)

答え

② 150 m^2 の畑では，肥料を何kg使いますか。

(式)

答え

算数 18

速さ

目標時間 20 分

学習した日　月　日

名前

得点

100点満点

答え ▶ 115ページ

1 次の速さを求めましょう。 式5点，答え5点【30点】

① 260 km を4時間で走る電車の時速

（式）

答え

② 4500 m を25分間で走る自転車の分速

（式）

答え

③ 780 m を15秒間で走るレーシングカーの秒速

（式）

答え

2 時速45 kmで走るオートバイがあります。 式5点，答え5点【20点】

① このオートバイの分速は何 m ですか。

（式）

答え

② このオートバイの秒速は何 m ですか。

（式）

答え

3 分速1.5 kmで走る特急電車があります。 式6点，答え6点【24点】

① この特急電車は，20分間に何km進みますか。

（式）

答え

② この特急電車が135 km進むのに，何時間何分かかりますか。

（式）

答え

4 A《エー》のプリンターは4分間で32まい，B《ビー》のプリンターは15分間で90まい印刷できます。速く印刷できるのは，どちらのプリンターですか。 式6点，答え6点【12点】

（式）

答え

5 いなずまを見てから4秒後に，かみなりの音が聞こえました。かみなりはおよそ何 m はなれていましたか。音が空気中を伝わる速さを秒速340 m として，計算しましょう。 式7点，答え7点【14点】

（式）

答え

算数 19

分数と小数

目標時間 20 分

学習した日　　月　　日

名前

得点

100点満点

答え ▶ 115ページ

1 次のわり算の商を，分数で表しましょう。　各3点【12点】

① 1÷5　(　　　　)

② 7÷10　(　　　　)

③ 8÷3　(　　　　)

④ 25÷19　(　　　　)

2 □にあてはまる数を書きましょう。　各3点【12点】

① $\frac{1}{8}$＝1÷□

② $\frac{7}{15}$＝□÷15

③ $\frac{9}{4}$＝9÷□

④ $\frac{18}{13}$＝□÷13

3 次の問題に，分数で答えましょう。　式4点，答え4点【24点】

① 8 mは，5 mの何倍ですか。

（式）

答え＿＿＿＿＿＿＿＿

② 6 kgは，7 kgの何倍ですか。

（式）

答え＿＿＿＿＿＿＿＿

③ 4 Lは，15 Lの何倍ですか。

（式）

答え＿＿＿＿＿＿＿＿

4 次の分数を，小数や整数で表しましょう。わりきれないときは，四《し》捨《しゃ》五《ご》入《にゅう》して，$\frac{1}{100}$の位までのがい数で表しましょう。　各3点【18点】

① $\frac{4}{5}$　(　　　　)

② $\frac{3}{20}$　(　　　　)

③ $\frac{7}{4}$　(　　　　)

④ $\frac{27}{9}$　(　　　　)

⑤ $\frac{2}{7}$　(　　　　)

⑥ $\frac{26}{15}$　(　　　　)

5 次の小数や整数を分数で表しましょう。整数は，分母が1の分数で表しましょう。　各3点【18点】

① 0.9　(　　　　)

② 0.43　(　　　　)

③ 1.07　(　　　　)

④ 0.051　(　　　　)

⑤ 8　(　　　　)

⑥ 15　(　　　　)

6 □にあてはまる不等号を書きましょう。　各4点【16点】

① $\frac{3}{4}$ □ 0.7

② 2.1 □ $\frac{11}{5}$

③ 1.67 □ $1\frac{1}{6}$

④ $\frac{22}{7}$ □ 3.14

算数

20 通分と約分

目標時間 20 分

学習した日　月　日

名前

得点

100点満点

答え ▶ 115ページ

算数

1 □にあてはまる数を書きましょう。　各3点【24点】

① $\frac{2}{5}=\frac{\square}{10}=\frac{\square}{15}$　② $\frac{3}{8}=\frac{\square}{40}=\frac{24}{\square}$

③ $\frac{12}{18}=\frac{6}{\square}=\frac{\square}{3}$　④ $\frac{10}{16}=\frac{\square}{8}=\frac{25}{\square}$

2 分母が1から30までの分数のうちで，次の分数と大きさの等しい分数を全部書きましょう。　各5点【10点】

① $\frac{4}{7}$　② $\frac{10}{12}$

(　　　　)　(　　　　)

3 次の分数を約分しましょう。　各4点【24点】

① $\frac{4}{12}$　② $\frac{16}{18}$　③ $\frac{30}{42}$

(　　)　(　　)　(　　)

④ $\frac{52}{65}$　⑤ $\frac{20}{15}$　⑥ $\frac{90}{60}$

(　　)　(　　)　(　　)

4 (　)の中の分数を通分しましょう。　各4点【32点】

① $\left(\frac{1}{4}, \frac{4}{7}\right)$　② $\left(\frac{5}{9}, \frac{2}{3}\right)$

(　　　　)　(　　　　)

③ $\left(\frac{5}{6}, \frac{3}{8}\right)$　④ $\left(\frac{7}{10}, \frac{4}{15}\right)$

(　　　　)　(　　　　)

⑤ $\left(\frac{3}{4}, \frac{9}{16}\right)$　⑥ $\left(\frac{5}{18}, \frac{7}{8}\right)$

(　　　　)　(　　　　)

⑦ $\left(\frac{7}{12}, \frac{3}{20}\right)$　⑧ $\left(\frac{3}{4}, \frac{5}{8}, \frac{11}{12}\right)$

(　　　　)　(　　　　)

5 次の問題に答えましょう。　各5点【10点】

① $\frac{8}{15}$ mと $\frac{5}{9}$ mでは，どちらが長いですか。

(　　　　)

② $\frac{7}{8}$ kgと $\frac{17}{20}$ kgでは，どちらが重いですか。

(　　　　)

算数 21

分数のたし算

目標時間 20 分

学習した日　月　日

名前

得点

100点満点

答え ▶ 115ページ

1 計算をしましょう。　各5点【50点】

① $\frac{2}{5}+\frac{1}{7}$

② $\frac{1}{6}+\frac{3}{4}$

③ $\frac{1}{2}+\frac{3}{10}$

④ $\frac{1}{8}+\frac{5}{6}$

⑤ $\frac{1}{4}+\frac{5}{12}$

⑥ $\frac{7}{8}+\frac{3}{5}$

⑦ $\frac{4}{9}+\frac{5}{6}$

⑧ $\frac{1}{3}+\frac{13}{15}$

⑨ $\frac{9}{14}+\frac{5}{21}$

⑩ $\frac{7}{12}+\frac{9}{20}$

2 計算をしましょう。　各6点【24点】

① $1\frac{2}{7}+1\frac{1}{5}$

② $1\frac{3}{4}+2\frac{7}{10}$

③ $2\frac{5}{6}+1\frac{5}{12}$

④ $1\frac{9}{10}+\frac{4}{15}$

3 ジュースが，A《エー》のびんに $\frac{2}{7}$ L，B《ビー》のびんに $\frac{3}{4}$ L入っています。あわせて何Lですか。　式6点，答え6点【12点】

（式）

答え＿＿＿＿＿＿＿＿

4 $\frac{5}{18}$ kgのかごに，くりを $\frac{8}{9}$ kgのせました。全体の重さは何kgになりますか。　式7点，答え7点【14点】

（式）

答え＿＿＿＿＿＿＿＿

算数

22 分数のひき算

目標時間 20 分

学習した日　月　日

名前

得点

100点 満点

答え ▶ 116ページ

1 計算をしましょう。　各5点【50点】

① $\frac{1}{2}-\frac{2}{5}$　② $\frac{5}{9}-\frac{1}{6}$

③ $\frac{7}{8}-\frac{2}{3}$　④ $\frac{9}{16}-\frac{5}{12}$

⑤ $\frac{3}{4}-\frac{9}{20}$　⑥ $\frac{5}{6}-\frac{3}{10}$

⑦ $\frac{7}{5}-\frac{5}{8}$　⑧ $\frac{4}{3}-\frac{8}{15}$

⑨ $\frac{3}{2}-\frac{9}{14}$　⑩ $\frac{17}{15}-\frac{11}{20}$

2 計算をしましょう。　各6点【24点】

① $1\frac{2}{7}-\frac{4}{5}$　② $2\frac{3}{4}-1\frac{1}{6}$

③ $2\frac{4}{15}-1\frac{2}{3}$　④ $3\frac{3}{20}-1\frac{5}{12}$

3 リボンを，姉は $\frac{5}{8}$ m，妹は $\frac{4}{5}$ m持っています。どちらのリボンが何m長いですか。　式6点，答え6点【12点】

（式）

答え ＿＿＿＿＿＿＿＿

4 さとうが $\frac{5}{3}$ kgありました。ケーキをつくるのに使ったら，残りが $\frac{11}{12}$ kgになりました。何kg使いましたか。　式7点，答え7点【14点】

（式）

答え ＿＿＿＿＿＿＿＿

算数 23

分数のたし算とひき算

目標時間 20 分

学習した日　　月　　日

名前

得点

100点 満点

答え ▷ 116ページ

1 計算をしましょう。　各6点【48点】

① $\frac{1}{2}+\frac{2}{3}+\frac{1}{7}$

② $\frac{1}{6}+\frac{2}{3}+\frac{3}{10}$

③ $\frac{5}{6}-\frac{1}{4}-\frac{5}{12}$

④ $\frac{9}{8}-\frac{3}{4}-\frac{1}{6}$

⑤ $\frac{1}{5}+\frac{4}{15}-\frac{3}{10}$

⑥ $\frac{1}{2}+\frac{5}{8}-\frac{7}{12}$

⑦ $\frac{5}{6}-\frac{1}{3}+\frac{2}{7}$

⑧ $\frac{10}{9}-\frac{8}{15}+\frac{2}{3}$

2 3つのふくろに，米がそれぞれ，$\frac{3}{8}$kg，$\frac{1}{3}$kg，$\frac{5}{6}$kg入っています。米は，全部で何kgありますか。　式7点，答え7点【14点】

(式)

答え ＿＿＿＿＿＿

3 油が$\frac{7}{6}$Lありました。昨日《きのう》$\frac{1}{4}$L，今日$\frac{3}{20}$L使いました。残りは何Lですか。　式7点，答え7点【14点】

(式)

答え ＿＿＿＿＿＿

はってん

4 計算をしましょう。　各6点【24点】

① $\frac{1}{3}+\frac{1}{4}+\frac{1}{5}+\frac{1}{6}$

② $\frac{1}{6}+\frac{1}{12}+\frac{1}{20}+\frac{1}{30}$

③ $\frac{2}{3}+\frac{3}{4}-\frac{4}{9}-\frac{11}{18}$

④ $\frac{7}{10}+\frac{4}{15}-\frac{3}{5}-\frac{13}{40}$

分数と小数の計算，時間と分数

目標時間 20 分

学習した日　　月　　日

名前

得点

100点満点

答え ▶ 116ページ

1 小数を分数になおして計算しましょう。　各5点【50点】

① $0.9+\frac{1}{6}$

② $\frac{5}{7}+0.5$

③ $\frac{2}{3}+0.75$

④ $0.45+\frac{3}{4}$

⑤ $\frac{3}{8}-0.25$

⑥ $0.6-\frac{4}{9}$

⑦ $\frac{8}{15}-0.45$

⑧ $1.125-\frac{5}{6}$

⑨ $1\frac{3}{20}+2.05$

⑩ $6\frac{7}{12}-3.875$

2 □にあてはまる分数を書きましょう。　各5点【50点】

① 30分＝□時間

② 15分＝□時間

③ 20分＝□時間

④ 10分＝□時間

⑤ 5分＝□時間

⑥ 1秒＝□分

⑦ 25秒＝□分

⑧ 36秒＝□分

⑨ 90分＝□時間

⑩ 100秒＝□分

確認《かくにん》テスト③

答え ▶ 116ページ

1 右の表は，A《エー》，B《ビー》のサッカーチームの，先月の試合での得点を表したものです。点をよくとったといえるのは，どちらのチームですか。1試合の平均《へいきん》の得点で比《くら》べましょう。　式6点，答え6点【12点】

先月の試合での得点

A	2	0	3	1	4	2
B	2	2	1	4	3	

（式）

答え ＿＿＿＿＿＿

2 あきおさんの住んでいる市の面積は82 km^2で，人口は73620人です。この市の人口密度《みつど》を，上から2けたのがい数で求めましょう。　式6点，答え6点【12点】

（式）

答え ＿＿＿＿＿＿

3 時速36 kmで走る自動車があります。　式6点，答え6点【24点】

① この自動車の分速は何mですか。

（式）

答え ＿＿＿＿＿＿

② この自動車が90 km進むのに，何時間かかりますか。

（式）

答え ＿＿＿＿＿＿

4 □にあてはまる不等号を書きましょう。　各4点【8点】

① $\frac{2}{5}$ □ $\frac{3}{8}$　② $\frac{5}{12}$ □ $\frac{7}{15}$

5 計算をしましょう。　各5点【20点】

① $\frac{5}{6}+\frac{3}{10}$　② $\frac{5}{4}-\frac{11}{36}$

③ $\frac{1}{2}+\frac{2}{5}+\frac{4}{15}$　④ $\frac{7}{8}-0.75$

6 重さが$1\frac{2}{15}$ kgのかんづめと$\frac{7}{10}$ kgのかんづめがあります。　式6点，答え6点【24点】

① あわせて何kgありますか。

（式）

答え ＿＿＿＿＿＿

② ちがいは何kgですか。

（式）

答え ＿＿＿＿＿＿

平行四辺形と三角形の面積

目標時間 20 分　学習した日　月　日

名前

得点

100点満点

答え ▶ 116ページ

1 次の平行四辺形の面積を求めましょう。　式7点，答え7点【42点】

①

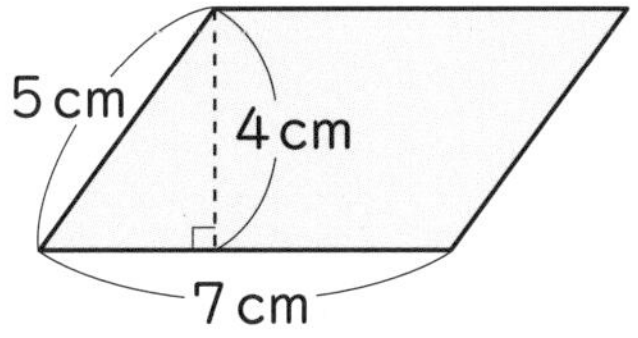

（式）

答え

②

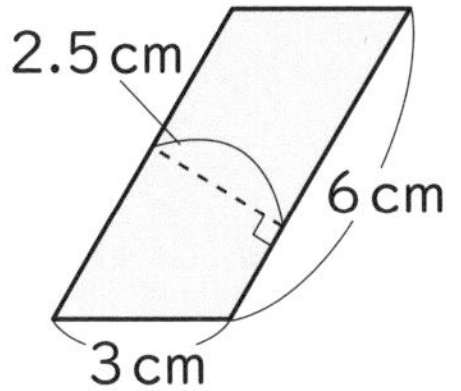

（式）

答え

③

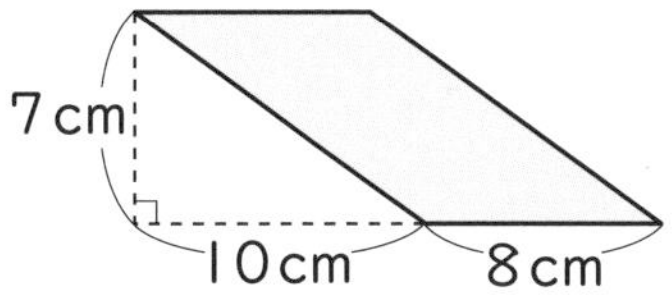

（式）

答え

2 次の三角形の面積を求めましょう。　式7点，答え7点【28点】

①

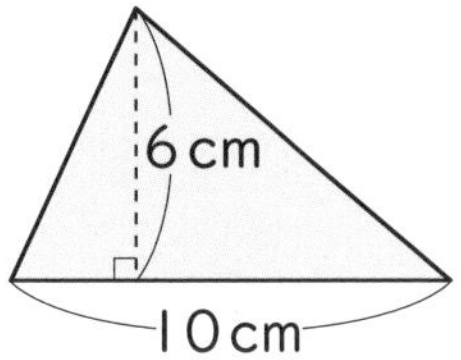

（式）

答え

②

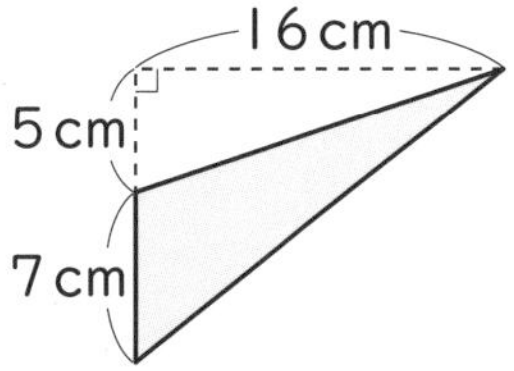

（式）

答え

3 高さ4cmの平行四辺形があります。高さはそのままで，底辺を1cm，2cm，…と変えていきます。　各6点【24点】

① 底辺が1cm，2cm，…のとき，面積が何cm^2になるか調べ，下の表にまとめます。表のあいているところにあてはまる数を書きましょう。（全部できて6点）

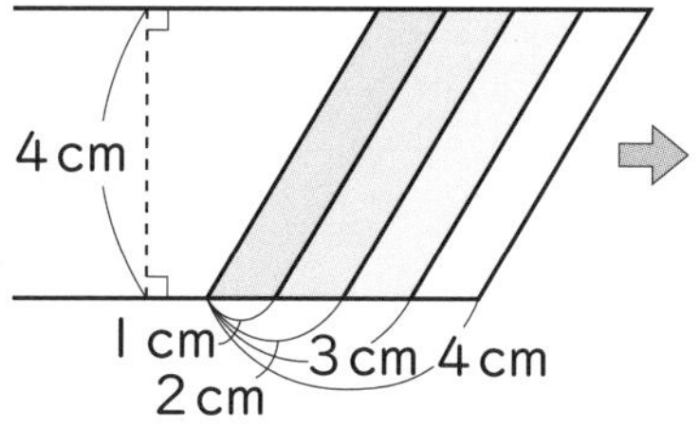

底辺(cm)	1	2	3	4	5	6	7
面積(cm^2)	4						

② 底辺を□cm，面積を○cm^2として，平行四辺形の面積を求める式を書きましょう。（　　　　）

③ ②の式で，□が6.5のとき，○はいくつになりますか。

（　　　　）

④ ②の式で，○が52のとき，□はいくつになりますか。

（　　　　）

4 下の図で，直線㋐と㋑は平行です。㋐の三角形の面積は，㋑の三角形の面積の何倍ですか。　【6点】

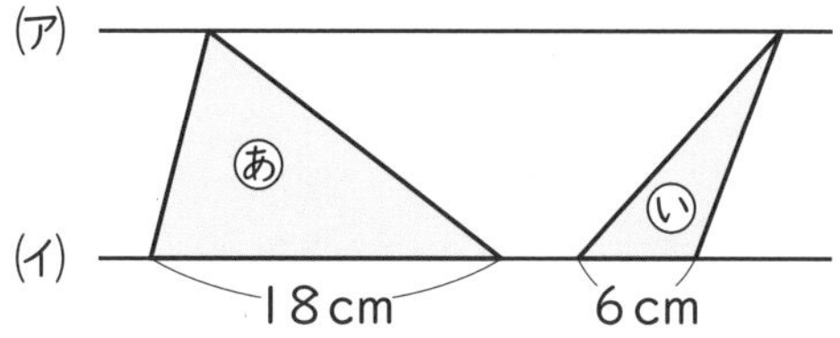

（　　　　）

算数 27

いろいろな形の面積

目標時間 20 分

学習した日　月　日

名前

得点

100点 満点

答え ▶ 117ページ

算数

1 次の台形やひし形の面積を求めましょう。　式7点，答え7点【28点】

① 台形　（式）

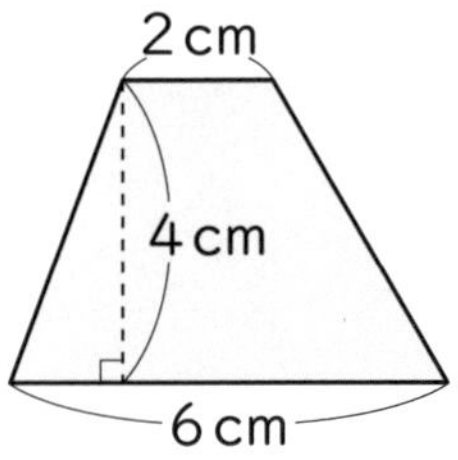

答え ______

② ひし形　（式）

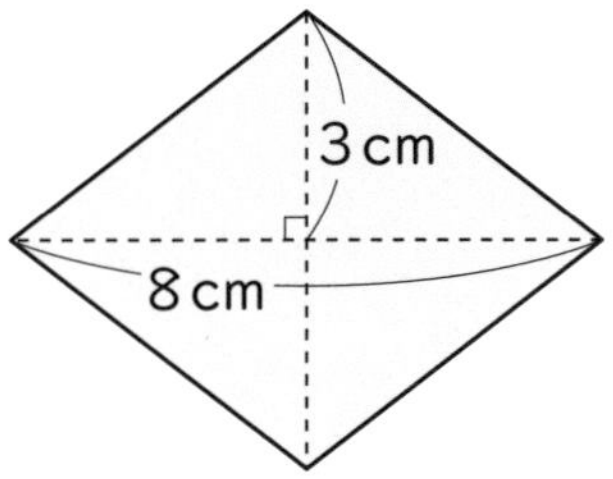

答え ______

2 下の図のような四角形の面積を求めましょう。　式6点，答え6点【24点】

①　（式）

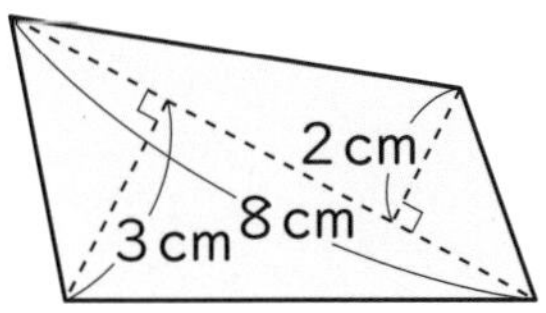

答え ______

②　（式）

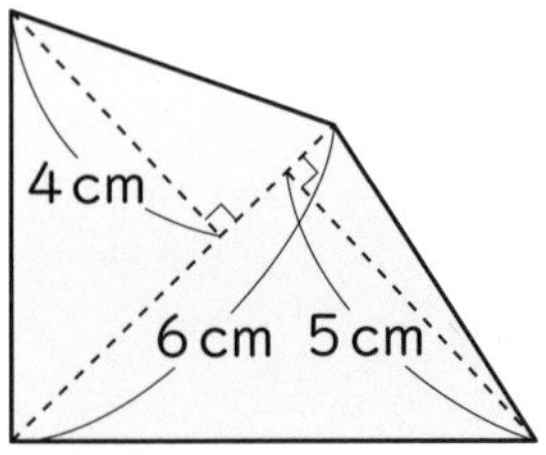

答え ______

3 右の図のような四角形の面積を求めましょう。　式6点，答え6点【12点】

（式）

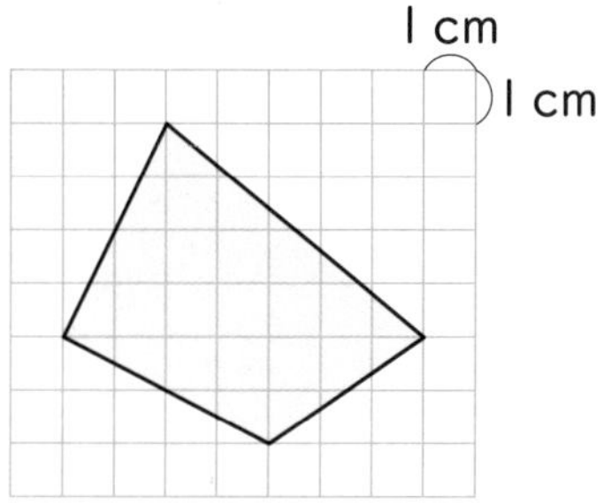

答え ______

4 下の図で，色がついた部分の面積を求めましょう。　式6点，答え6点【36点】

①　（式）

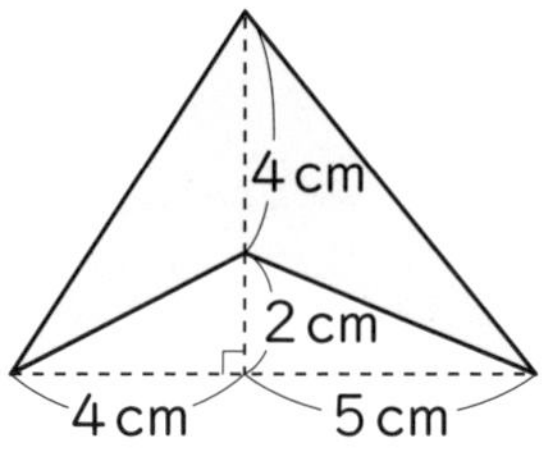

答え ______

②　（式）

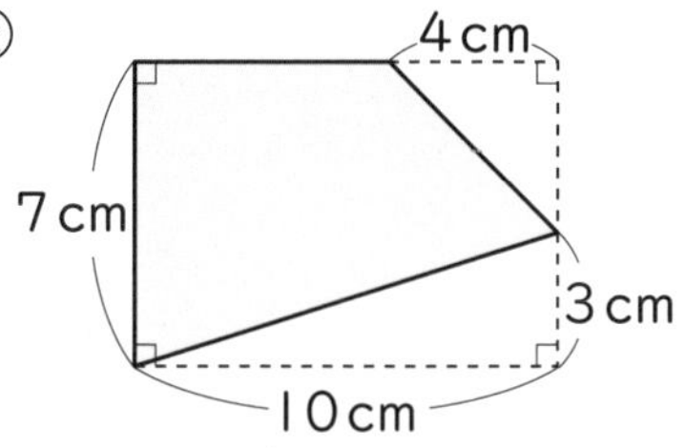

答え ______

③　（式）

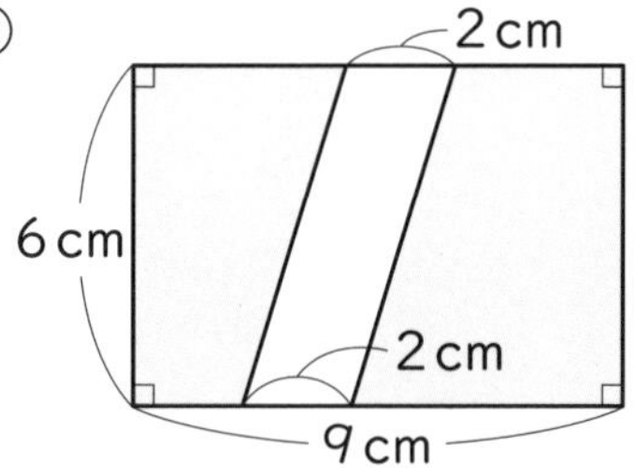

答え ______

算数 28

正多角形と円

目標時間 20 分

学習した日　月　日

名前

得点

100点満点

答え ▶ 117ページ

1

次の図形について，正多角形であるものには○を，そうでないものには×を書きましょう。　各5点【40点】

① 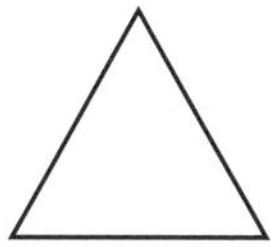

正三角形

(　　　)

② 

長方形

(　　　)

③ 

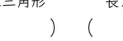

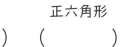

正方形

(　　　)

④ 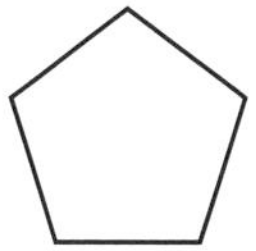

正五角形

(　　　)

⑤ 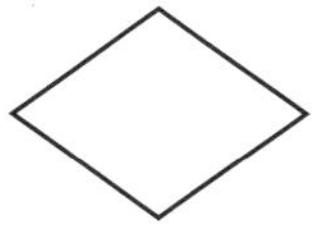

ひし形

(　　　)

⑥ 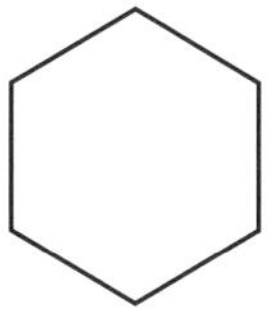

正六角形

(　　　)

⑦ 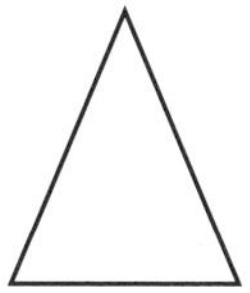

二等辺三角形

(　　　)

⑧ 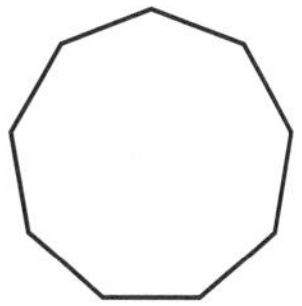

正九角形

(　　　)

2

円を使って，次の図形をかきましょう。　各6点【12点】

①　正方形

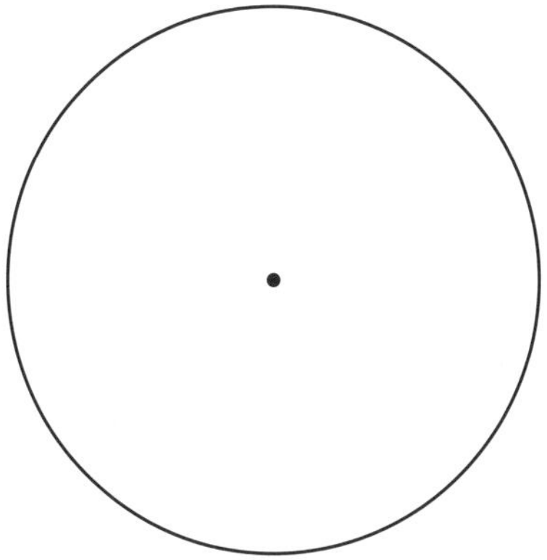

②　正十角形

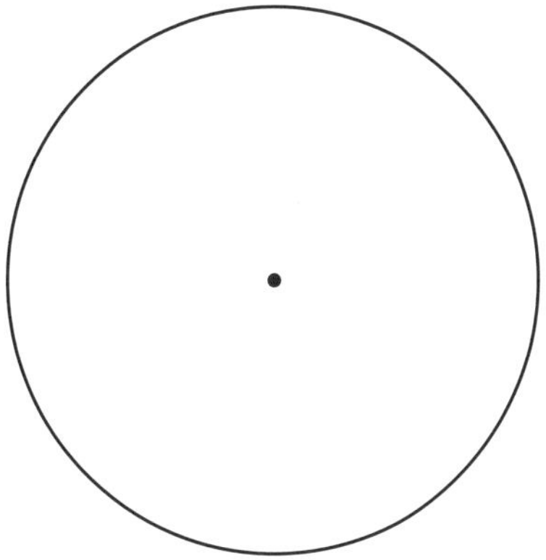

3

右の図は，円を使って正多角形をかいたものです。　各8点【32点】

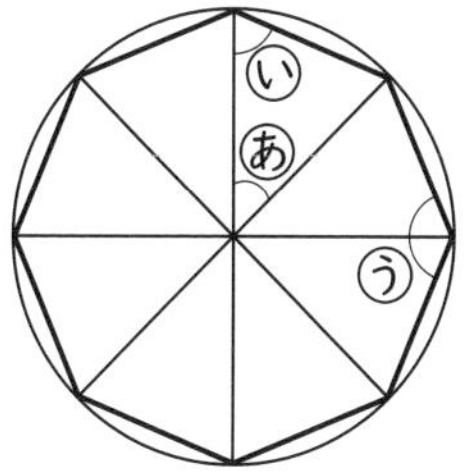

①　この正多角形は何という図形ですか。

(　　　　　)

②　あの角度は何度ですか。

(　　　　　)

③　いの角度は何度ですか。

(　　　　　)

④　うの角度は何度ですか。

(　　　　　)

4

右の図は，円のまわりを半径の長さで区切ってかいた図形です。　各8点【16点】

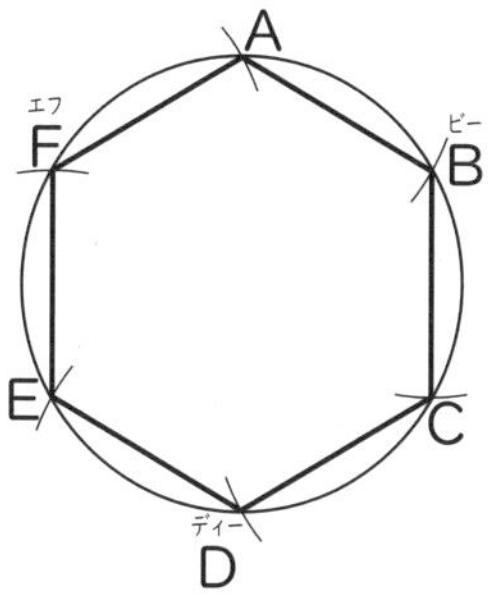

①　できた形は何という図形ですか。

(　　　　　)

②　頂点《ちょうてん》A《エー》とC《シー》とE《イー》を結んでできる形は何という図形ですか。

(　　　　　)

円のまわりの長さ

1 次の円の，円周の長さを求めましょう。　式5点，答え5点【40点】

①

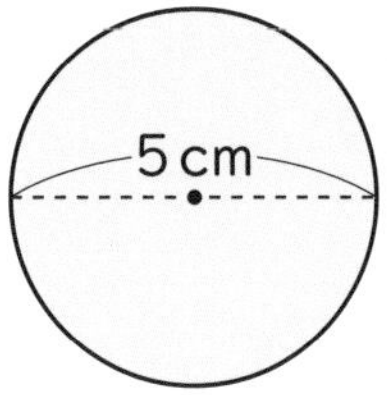

（式）

答え ＿＿＿＿＿＿

②

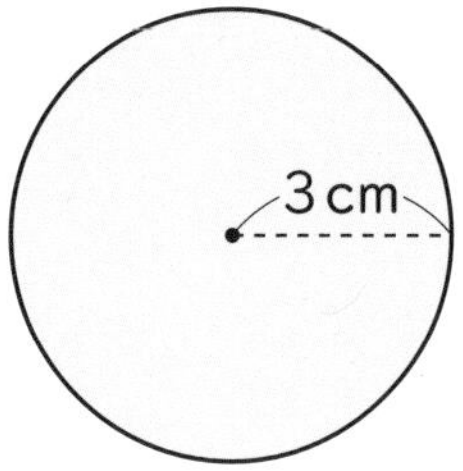

（式）

答え ＿＿＿＿＿＿

③　直径 12 cm の円

（式）

答え ＿＿＿＿＿＿

④　半径 7.5 cm の円

（式）

答え ＿＿＿＿＿＿

2 右の図で，色がついた部分のまわりの長さを求めましょう。　式7点，答え7点【14点】

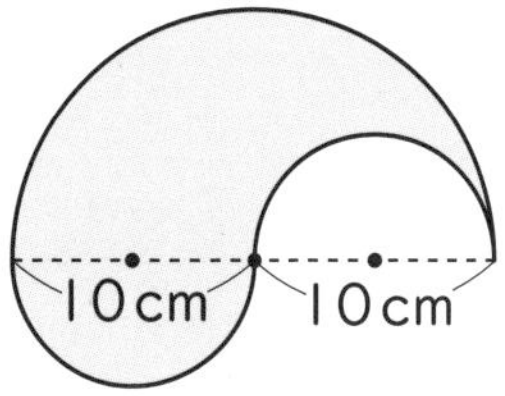

（式）

答え ＿＿＿＿＿＿

3 ある車輪の円周の長さは 2 m です。この車輪の直径は約何 cm ですか。答えは四《し》捨《しゃ》五《ご》入《にゅう》して，$\frac{1}{10}$ の位までのがい数で求めましょう。　式7点，答え7点【14点】

（式）

答え ＿＿＿＿＿＿

4 円の形をした池のまわりの長さをはかったら，約 157 m ありました。この池の半径は，約何 m ですか。　式7点，答え7点【14点】

（式）

答え ＿＿＿＿＿＿

5 半径や直径の長さと円周の長さの変わり方について，次の問題に答えましょう。　各6点【18点】

①　直径の長さを 1 cm 増《ふ》やすと，円周の長さは，もとの円の円周の長さより何 cm 増えますか。　（　　　　）

②　半径の長さを 3 倍にすると，円周の長さは，もとの円の円周の長さの何倍になりますか。　（　　　　）

③　直径 28 cm の円の円周の長さは，直径 4 cm の円の円周の長さの何倍ですか。　（　　　　）

目標時間 20 分

学習した日　月　日

名前

得点

100点満点

答え ▶ 117ページ

割合《わりあい》と百分率《ひゃくぶんりつ》

1 右の表は，A《エー》，B《ビー》のサッカーチームの試合数と勝った数を表したものです。

①②式5点，答え5点，③4点【24点】

チーム	試合数（回）	勝った数（回）
A	10	8
B	16	12

① Aチームの勝った数の割合《わりあい》を，小数で求めましょう。

（式）

答え ＿＿＿＿＿＿

② Bチームの勝った数の割合を，小数で求めましょう。

（式）

答え ＿＿＿＿＿＿

③ AチームとBチームでは，どちらのほうが成績がよいといえますか。　（　　　　）

2 学級文庫に本が150さつあります。そのうち，図かんが18さつ，物語の本が45さつあります。　式5点，答え5点【20点】

① 学級文庫全体の本の数をもとにしたときの，図かんの数の割合を小数で求めましょう。

（式）

答え ＿＿＿＿＿＿

② 図かんの数をもとにしたときの，物語の本の数の割合を小数で求めましょう。

（式）

答え ＿＿＿＿＿＿

3 小数や整数で表した割合は百分率《ひゃくぶんりつ》で，百分率で表した割合は小数で表しましょう。　各3点【36点】

① 0.37（　　　　）　② 0.2（　　　　）　③ 0.08（　　　　）

④ 0.401（　　　　）　⑤ 1.1（　　　　）　⑥ 5（　　　　）

⑦ 42%（　　　　）　⑧ 70%（　　　　）　⑨ 9%（　　　　）

⑩ 180%（　　　　）　⑪ 206%（　　　　）　⑫ 5.3%（　　　　）

4 次の問題に答えましょう。　各5点【20点】

① 4Lは，16Lの何%ですか。

（　　　　）

② 8.5kgは，2.5kgの何%ですか。

（　　　　）

③ 750mの68%は，何mですか。

（　　　　）

④ 50円の130%は，何円ですか。

（　　　　）

百分率《ひゃくぶんりつ》の問題

目標時間 20分

学習した日　月　日

名前

得点　100点満点

答え ▶ 117ページ

1 果《か》じゅうが65%ふくまれている飲み物があります。この飲み物160 mLには，何mLの果じゅうが入っていますか。　式6点，答え6点【12点】

（式）

答え ＿＿＿＿＿＿

2 定員50人のバスに，定員の110%の人が乗っています。このバスに乗っている人は何人ですか。　式6点，答え6点【12点】

（式）

答え ＿＿＿＿＿＿

3 へいにペンキをぬります。これまでに18 m^2ぬりましたが，これはへい全体の面積の40%にあたります。へい全体の面積は，何m^2ですか。　式6点，答え6点【12点】

（式）

答え ＿＿＿＿＿＿

4 北山小学校の5年生の人数は156人で，これは，南川小学校の5年生の人数の130%にあたります。南川小学校の5年生の人数は，何人ですか。　式6点，答え6点【12点】

（式）

答え ＿＿＿＿＿＿

5 まさるさんは，定価《ていか》2600円のセーターを，定価の25%引きのねだんで買いました。代金はいくらですか。　式6点，答え6点【12点】

（式）

答え ＿＿＿＿＿＿

6 はさみを460円で仕入れました。25%の利益《りえき》を加えて売ると，いくらになりますか。　式6点，答え6点【12点】

（式）

答え ＿＿＿＿＿＿

7 ある小学校の今年度の児童数は，昨年度より6%増《ふ》えて，689人でした。昨年度の児童数は何人ですか。　式7点，答え7点【14点】

（式）

答え ＿＿＿＿＿＿

8 ハイキングコースを12 km歩きました。残りの道のりはコース全体の道のりの40%にあたります。コース全体の道のりは何kmですか。　式7点，答え7点【14点】

（式）

答え ＿＿＿＿＿＿

割合《わりあい》を表すグラフ

1 下の帯グラフは，ある年の，都道府県別のぶどうの生産量の割《わり》合《あい》を表したものです。 各10点【30点】

ぶどうの生産量の割合

① 長野県《ながのけん》と岡山県《おかやまけん》の生産量の割合は，それぞれ，全体の何%ですか。

長野県（　　　　）　岡山県（　　　　）

② 山梨県《やまなしけん》の生産量は，全体の約何分の１ですか。

（　　　　）

2 下の円グラフは，まさきさんの町の土地の利用のようすを表したものです。 各10点【30点】

① 田の面積の割合は，何%ですか。　（　　　　）

② 住宅地の面積は，山林の面積の約何倍ですか。

（　　　　）

③ まさきさんの町全体の面積は，18 km^2です。畑の面積は何 km^2ですか。

（　　　　）

土地の利用

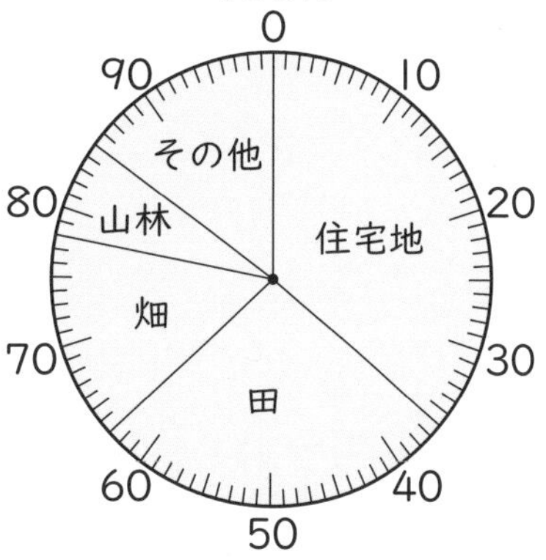

3 下の表は，みきさんの学校で１年間に起きたけがを，種類別に整理したものです。 ①各4点，②③10点【40点】

けがの種類別の割合

種　類	すりきず	切りきず	うちみ	ねんざ	その他	合計
人数(人)	278	229	176	121	156	960
百分率《ひゃくぶんりつ》(%)						100

① それぞれの百分率を求めて，上の表に書き入れましょう(百分率は，四捨五入《ししゃごにゅう》して，整数で表します)。

② けがの種類別の割合を，右の帯グラフに表しましょう。

けがの種類別の割合

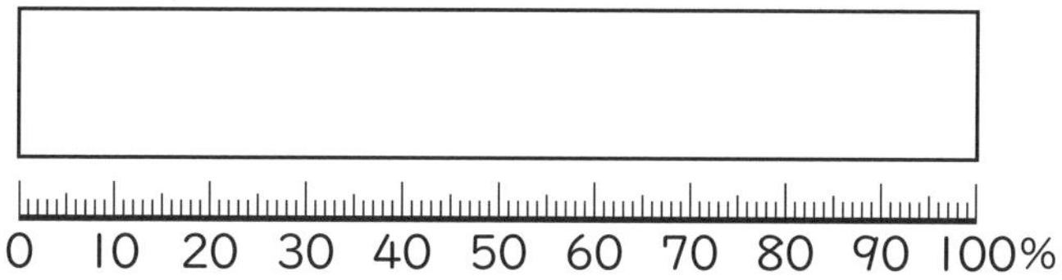

③ けがの種類別の割合を，右の円グラフに表しましょう。

けがの種類別の割合

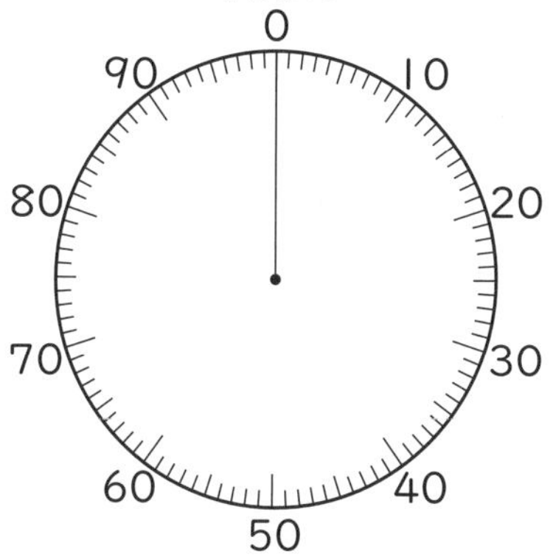

算数 33

角柱と円柱

目標時間 20 分　学習した日　月　日

名前

得点　100点満点

答え 118ページ

1 下の立体の名前を書きましょう。　各6点【18点】

①

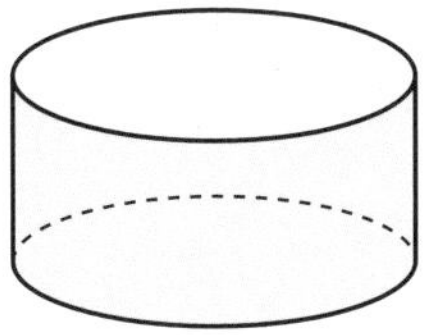

②

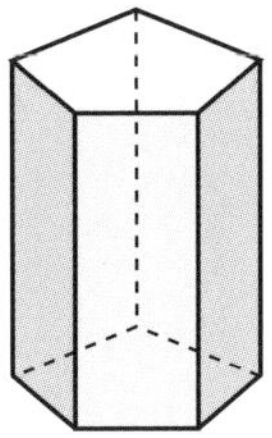

③

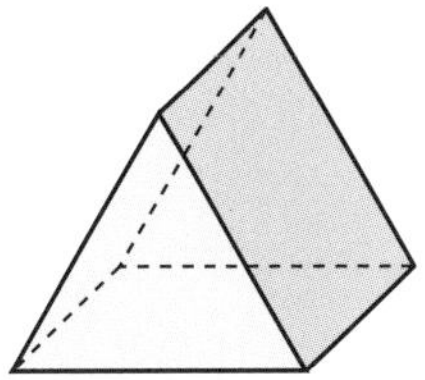

(　　　　)　(　　　　)　(　　　　)

2 右の角柱について，次の問題に答えましょう。　各7点【28点】

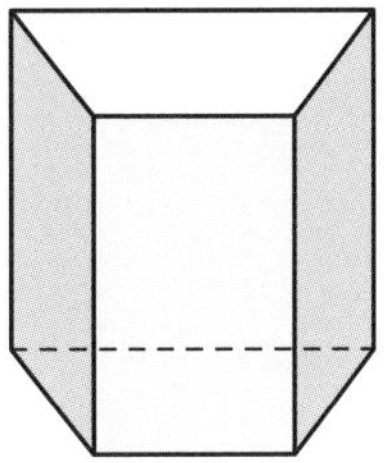

① 底面，側面は，それぞれ，何という形ですか。　㋐ 底面 (　　　　)

㋑ 側面 (　　　　)

② 底面はいくつありますか。

(　　　　)

③ Ｉつの底面に垂直《すいちょく》な面はいくつありますか。

(　　　　)

3 右の立体について，次の問題に答えましょう。　各6点【12点】

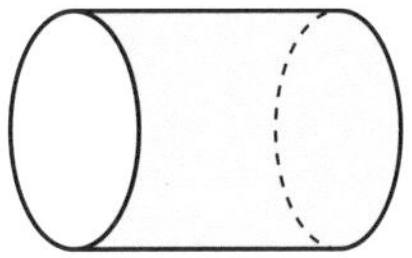

① 底面は，何という形ですか。

(　　　　)

② 側面について，次から正しいものを選んで，記号で答えましょう。　(　　　　)

㋐ 平面になっている。　㋑ 曲面になっている。

4 下の三角柱の展開《てんかい》図《ず》を方眼にかきましょう。　【12点】

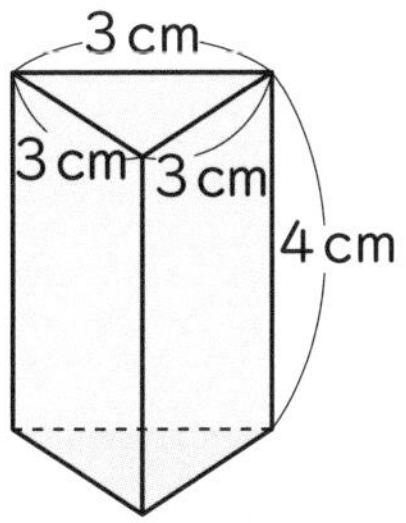

5 右の図は，ある立体の展開図です。　各6点【12点】

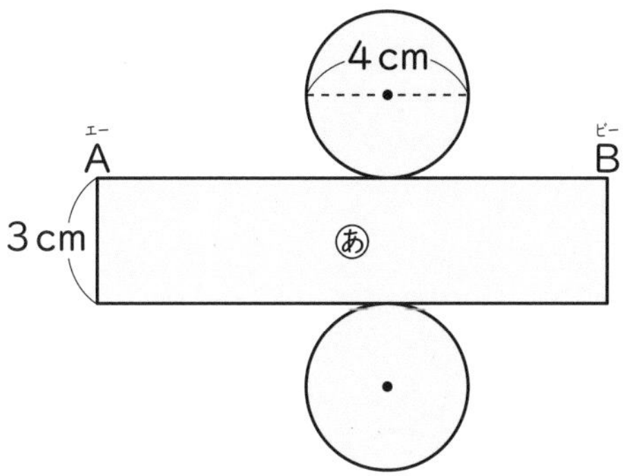

① この展開図を組み立てると，ⓐの面は，底面と側面のどちらになりますか。　(　　　　)

② 辺ABの長さは何cmですか。(　　　　)

はってん

6 下の立体の名前を書きましょう。　各6点【18点】

①

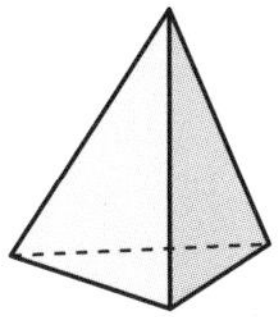

②

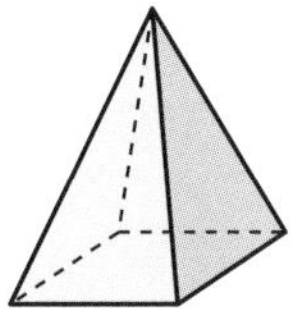

③

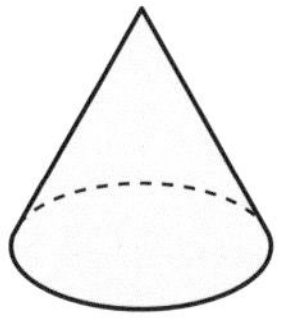

(　　　　)　(　　　　)　(　　　　)

2つの関係を表す式

目標時間 20 分

学習した日　　月　　日

名前

得点

100点 満点

答え ▶ 118ページ

1 1本150円の花を何本か買って，200円の花かごに入れてもらいます。　各10点【70点】

① 買った花の本数と代金との関係をことばの式に表します。□にあてはまる＋，－，×，÷を書きましょう。　（両方できて10点）

代金＝1本のねだん □ 本数 □ 花かご代

② 買った花の本数□本と代金○円との関係を式に表しましょう。

（○＝　　　　　　）

③ □を1ずつ増《ふ》やしていくときの，○の変わり方を表にまとめます。下の表の㋐～㋓にあてはまる数を書きましょう。

□(本)	1	2	3	4	5
○(円)	350	㋐	㋑	㋒	㋓

㋐（　　　　）　㋑（　　　　）

㋒（　　　　）　㋓（　　　　）

④ □を1ずつ増やしていくと，○はどのように変わりますか。

（　　　　　　）

2 同じ長さのひごを使って，下のような正六角形をつくっていきます。　各10点【30点】

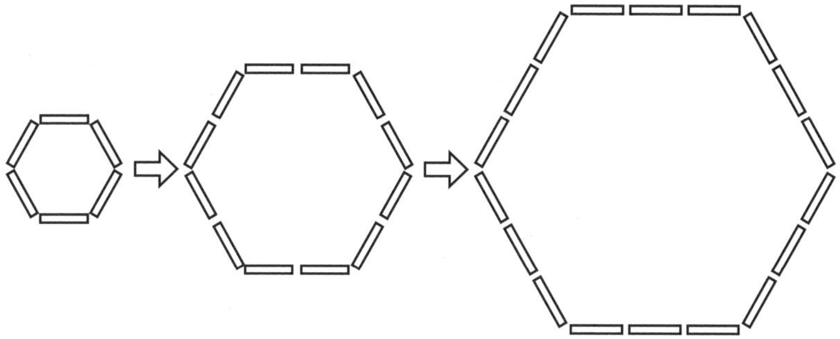

① 1辺のひごの本数□本と全体の本数○本との関係を式に表しましょう。

（○＝　　　　　　）

② □を1ずつ増やしていくときの，○の変わり方を表にまとめます。下の表の㋐～㋒にあてはまる数を書きましょう。　（全部できて10点）

□(本)	1	2	3	4	5
○(本)	6	㋐	㋑	㋒	

㋐（　　　　）
㋑（　　　　）
㋒（　　　　）

③ □にあてはまる数を書きましょう。　（全部できて10点）

□を1ずつ増やしていくと，○は □ ずつ増え，また，□を2倍，3倍，…にすると，○は □ 倍，□ 倍，…になる。

比《ひ》 例《れい》

目標時間 20分

学習した日　月　日

名前

得点

100点満点

答え ▶ 118ページ

1 次のことがらのうち，2つの量が比例《ひれい》するものには○を，比例しないものには×を書きましょう。 各6点【36点】

① (　　) 正三角形の１辺の長さとまわりの長さ

② (　　) 円の半径とその円周の長さ

③ (　　) ある人の年れいと体重

④ (　　) 正方形の１辺の長さとその面積

⑤ (　　) 家から駅まで歩いたときの，歩いた道のりと残りの道のり

⑥ (　　) １m60円のリボンを買うときの，買う長さと代金

2 下の表で，○が□に比例しているものを全部選んで，記号で答えましょう。 【8点】

㋐

□(L)	2	4	6	8	10
○(L)	18	16	14	12	10

㋑

□(m)	3	6	9	12	15
○(kg)	6	12	18	24	30

㋒

□(cm)	1	3	5	7	9
○(cm^2)	4	6	8	10	12

㋓

□(分)	4	6	8	10	12
○(m)	10	15	20	25	30

(　　　　)

3 下の表は，直方体の形をした水そうに水を入れたときの，水の量と深さの関係を表したものです。 各7点【28点】

水の量と深さ

水の量□(L)	2	3	4	5	6	7
深さ ○(cm)	6	9	12	15	18	21

① 深さは，水の量に比例しますか。

(　　　　)

② 水の量□Lと深さ○cmの関係を式に表します。(　)にあてはまる数を書きましょう。

式 ○=(　　　　)×□

③ 水の量が９Lのときの深さは何cmですか。

(　　　　)

④ 深さが30cmのときの水の量は何Lですか。

(　　　　)

4 下の表は，○が□に比例する関係を表しています。表の㋐～㋓にあてはまる数を求めましょう。 各7点【28点】

□(cm)	6	12	18	㋑	30	㋓
○(g)	3	6	㋐	12	㋒	18

㋐ (　　　　)　㋑ (　　　　)

㋒ (　　　　)　㋓ (　　　　)

算数 36

変わり方のきまり

目標時間 20 分

学習した日　　月　　日

名前

得点

100点満点

答え ▶ 119ページ

1

正方形の色板を使って，右のようなとうの形をつくっていきます。

各10点【30点】

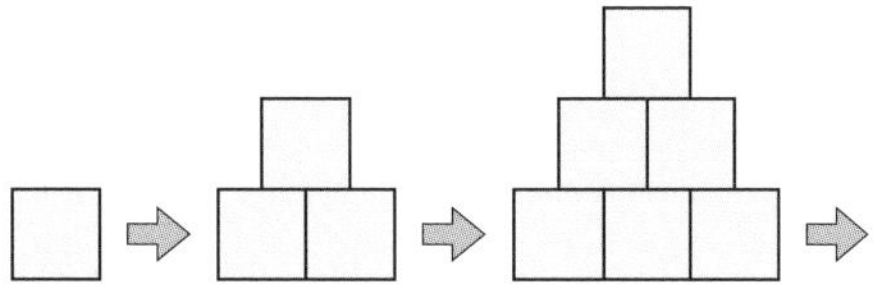

① だんの数と色板の数との関係を，下の表にまとめましょう。 （全部できて10点）

だんの数（だん）	1	2	3	4
色板の数（まい）	1			

② 6だんのとうをつくるには，色板は何まい必要ですか。

（　　　　　　）

③ 色板を45まい使うと，何だんのとうがつくれますか。

（　　　　　　）

2

同じ長さのひごを使って，右のようなピラミッドの形をつくっていきます。

各10点【20点】

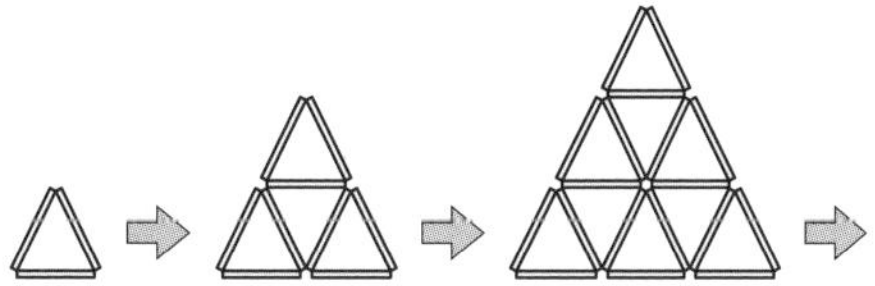

① だんの数とひごの数との関係を，下の表にまとめましょう。 （全部できて10点）

だんの数（だん）	1	2	3	4
ひごの数（本）	3			

② 7だんのピラミッドをつくるには，ひごは何本必要ですか。

（　　　　　　）

3

1辺が1cmの正方形を，右の図のようにならべていきます。

各10点【50点】

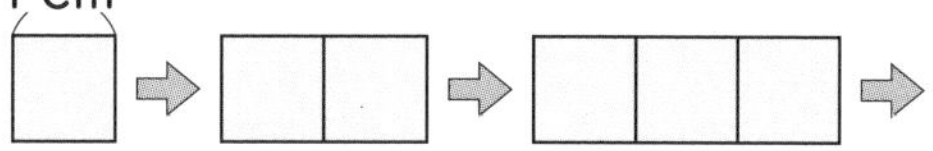

① 正方形の数とまわりの長さとの関係を，下の表にまとめましょう。 （全部できて10点）

正方形の数（個）	1	2	3	4
まわりの長さ（cm）	4			

② 正方形の数が1個増《ふ》えると，まわりの長さは何cm増えますか。

（　　　　　　）

③ 正方形の数が10個のときのまわりの長さを計算で求めます。下の式の□にあてはまる数を書きましょう。 （全部できて10点）

式 □ ＋ □ ×（□ − 1）＝ □

正方形が1個のときのまわりの長さ

正方形が1個増えるごとに増えるまわりの長さ

増える回数

答え ＿＿＿＿＿＿

④ ③の考えをもとにして，正方形の数□個とまわりの長さ○cmとの関係を式に表しましょう。

（○＝　　　　　　）

⑤ 正方形の数が20個のときのまわりの長さを，④の式を使って求めましょう。 （式，答え両方できて10点）

（式）

答え ＿＿＿＿＿＿

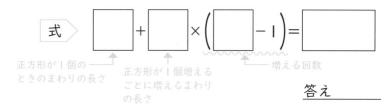

きまりを見つけて

目標時間 20 分

学習した日　月　日

名前

得点

100点満点

答え ▶ 119ページ

1 あきさんの去年までの貯金《ちょきん》の金額《きんがく》は1400円で，今年の1月から，毎月100円ずつ貯金しています。お姉さんは，去年までの貯金はなく，今年の1月から，毎月300円ずつ貯金しています。

各10点【50点】

① 下の表は，1月，2月，3月，…とたつにつれて，2人の貯金の金額の差がどう変わっていくかを調べて整理したものです。表のあいているところにあてはまる数を書きましょう。

（全部できて10点）

	去年	1月	2月	3月	4月
あき（円）	1400	1500			
姉（円）	0	300			
差（円）	1400	1200			

② 2人の貯金の金額の差は，1月《ひとつき》ごとに何円ずつちぢまりますか。　（　　　　）

③ 2人の貯金の金額が等しくなるのは，何月ですか。　（　　　　）

④ 2人の貯金の金額の合計が5000円になるのは何月ですか。2人の貯金の金額の合計の変わり方を，下の表に書いて考えましょう。　（　　　　）

（表は全部できて10点）

	去年	1月	2月	3月	4月
あき（円）	1400	1500			
姉（円）	0	300			
合計（円）	1400	1800			

2 みずほさんは，6月1日から，毎日12ページずつ本を読んでいます。けんたさんは，6月5日から，毎日15ページずつ本を読んでいます。

各13点【26点】

① 下の表は，2人が読んだ本のページ数の差の変わり方を表したものです。表のあいているところにあてはまる数を書きましょう。

（全部できて13点）

	6月4日	6月5日	6月6日	6月7日	6月8日
みずほ（ページ）	48				
けんた（ページ）	0				
差（ページ）	48				

② 2人が読んだ本のページ数が等しくなるのは，何月何日ですか。　（　　　　）

3 1分間に，A《エー》のポンプからは12Lの，B《ビー》のポンプからは8Lの水が出ます。600L入る水そうに，まずAのポンプを使って5分間水を入れ，その後，両方のポンプを使って水を入れると，両方のポンプを使いはじめてから何分後にいっぱいになりますか。水そうの水の量の変わり方を，下の表に書いて考えましょう。

（表は全部できて12点）　各12点【24点】

	両方を使いはじめたとき	1分後	2分後	3分後
A（L）	60			
B（L）	0			
合計（L）	60			

（　　　　）

確認《かくにん》テスト④

目標時間 20 分　学習した日　月　日　名前

得点　100点満点　答え ▶ 119ページ

1 次の図形の面積を求めましょう。　式5点，答え5点【20点】

① 底辺が15 cm，高さが9 cmの平行四辺形

（式）

答え ＿＿＿＿＿＿

② 底辺が8 m，高さが7 mの三角形

（式）

答え ＿＿＿＿＿＿

2 右の図のように，円を使って正五角形をかきました。㋐，㋑の角度はそれぞれ何度ですか。　各5点【10点】

㋐（　　　　）　㋑（　　　　）

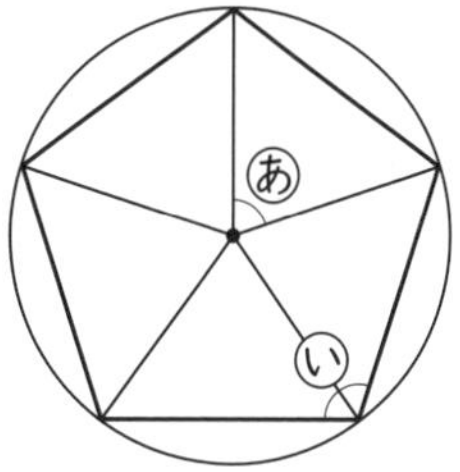

3 小数で表した割合《わりあい》は百分率《ひゃくぶんりつ》で，百分率で表した割合は小数で表しましょう。　各4点【12点】

① 0.1　（　　　　）

② 6%　（　　　　）

③ 120%　（　　　　）

4 右の立体は三角柱です。　各4点【8点】

① 面ABC《エービーシー》に平行な面はいくつありますか。

（　　　　）

② 面ABCに垂直《すいちょく》な辺は何本ありますか。

（　　　　）

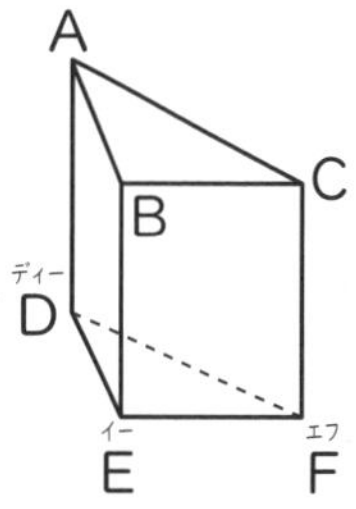

5 下の図で，色のついた部分の面積を求めましょう。　式5点，答え5点【10点】

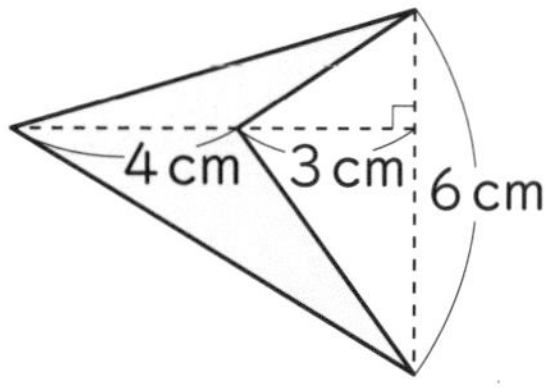

（式）

答え ＿＿＿＿＿＿

6 中身の量が25%増《ふ》えて，600 mLになったシャンプーがあります。中身が増える前は何mLでしたか。　式5点，答え5点【10点】

（式）

答え ＿＿＿＿＿＿

7 円の直径の長さと円周の長さとの関係を調べます。　各10点【30点】

① 円の直径と円周との関係を，下の表にまとめましょう。　（全部できて10点）

直径（cm）	1	2		…	
円周（cm）	3.14		9.42	…	62.8

② 円の直径□cmと円周○cmとの関係を式に表しましょう。

（○＝　　　　）

③ 直径23 cmの円と直径13 cmの円とでは，円周の長さのちがいは何cmですか。　（　　　　）

英語 1

自《じ》己《こ》紹介《しょうかい》をしよう！

目標時間 20 分

学習した日　　月　　日

名前

得点

100点 満点

答え ▶ 120ページ

リスニング

1 音声を聞いて，声に出して読みましょう。そのあとに，次の英文を声に出して読みながら，なぞりましょう。　各10点【40点】

① こんにちは。ぼくはジャックです。

Hello. I'm Jack.

② はじめまして。

Nice to meet you.

③ わたしの名前はミカです。こちらこそはじめまして。

My name is Mika.

Nice to meet you, too.

④ わたしはテニスが好きです。

I like tennis.

2 次の英文の＿＿に入る英語を，下の□から１つずつ選んで書きましょう。　各10点【20点】

① わたしの名前はアヤです。

My ＿＿＿＿＿＿ is Aya.

② はじめまして。

Nice to ＿＿＿＿＿＿ you.

spell	meet	like	name

リスニング

3 音声を聞いて，それぞれが好きなものを１つずつ選び，○で囲《かこ》みましょう。　各20点【40点】

① カホが好きな果物

（ ブドウ ／ オレンジ ／ モモ ）

② ジョージが好きなスポーツ

（ 野球 ／ サッカー ／ 卓球《たっきゅう》 ）

英語 3

好きなものは何？

目標時間 20分

学習した日　　月　　日

名前

得点

100点満点

答え ▶ 120ページ

リスニング

1 音声を聞いて，声に出して読みましょう。そのあとに，次の英文を声に出して読みながら，なぞりましょう。　各10点【40点】

① あなたはリンゴが好きですか。

Do you like apples?

② はい，好きです。ぼくはリンゴが好きです。

Yes, I do. I like apples.

③ あなたは何のスポーツが好きですか。

What sport do you like?

④ わたしはサッカーが好きです。

I like soccer.

2 次の質問《しつもん》に対する正しい答えの文を，下のア〜エから選び，記号で答えましょう。　各10点【20点】

①

What subject do you like?

(　　　　)

②

Do you like blue?

(　　　　)

ア I like Japanese.	イ Yes, I am.
ウ I like tomatoes.	エ Yes, I do.

リスニング

3 音声を聞いて，それぞれの会話に合う絵を，下のア〜エから選び，記号で答えましょう。　各20点【40点】

ア

イ

ウ

エ

①(　　　　)　②(　　　　)

英語 4

できることやできないことを言おう！

目標時間 20 分

学習した日　　月　　日

名前

得点

100点満点

答え ▶ 120ページ

リスニング

1 音声を聞いて，声に出して読みましょう。そのあとに，次の英文を声に出して読みながら，なぞりましょう。　各10点【40点】

① あなたは速く走ることができますか。

Can you run fast?

② はい，できます。わたしは速く走ることができます。

Yes, I can. I can run fast.

③ あなたは上手に料理をすることができますか。

Can you cook well?

④ いいえ，できません。ぼくは上手に料理をすることができません。

No, I can't. I can't cook well.

2 次の英文の＿＿に入る英語を，下の□から１つずつ選んで書きましょう。　各10点【20点】

① あなたは高く飛ぶことができますか。

Can you ＿＿＿＿ high?

② わたしは速く泳ぐことができます。

I can ＿＿＿＿ fast.

skate　swim　jump　play

リスニング

3 音声を聞いて，それぞれの絵に合うものをア～ウから選び，○で囲《かこ》みましょう。　各20点【40点】

①

（ ア　イ　ウ ）

②

（ ア　イ　ウ ）

英語 5

あこがれの人はだれ？

目標時間 20 分

学習した日　　月　　日

名前

得点

100点満点

答え ▶ 120ページ

リスニング

1 音声を聞いて，声に出して読みましょう。そのあとに，次の英文を声に出して読みながら，なぞりましょう。　各8点【40点】

① こちらはどなたですか。

Who is this?

② こちらはユウコです。

This is Yuko.

③ かのじょはわたしの姉です。

She is my sister.

④ あなたのヒーローはだれですか。

Who is your hero?

⑤ ぼくのヒーローは父です。かれはゆうかんです。

My hero is my father.

He is brave.

2 次の英文の＿＿に入る英語を，下の□から１つずつ選んで書きましょう。　各10点【20点】

① あなたのヒーローはだれですか。

＿＿＿＿＿ is your hero?

② わたしのヒーローはわたしの兄です。

My hero is my ＿＿＿＿＿ .

brother	mother	When	Who

リスニング

3 音声を聞いて，それぞれの内容《ないよう》に合うものを１つずつ選び，○で囲《かこ》みましょう。　各10点【40点】

① こちらはわたしの（ 母 ／ 祖母《そぼ》 ）です。

② ぼくのヒーローはぼくの（ 兄 ／ 姉 ）です。

③ こちらはわたしの（ 祖父《そふ》 ／ 父 ）です。

④ ヒーローである兄は（ 野球 ／ サッカー ）が得意《とくい》です。

英語 6

行きたい国はどこ？

目標時間 20 分

学習した日　　月　　日

名前

得点

100点満点

答え ▶ 121ページ

リスニング

1 音声を聞いて，声に出して読みましょう。そのあとに，次の英文を声に出して読みながら，なぞりましょう。　各10点【40点】

① あなたはどこに行きたいですか。

Where do you want to go?

② わたしはオーストラリアに行きたいです。

I want to go to Australia.

③ なぜですか。

Why?

④ わたしはイルカが見たいです。

I want to see dolphins.

2 次の英文の＿＿に入る英語を，下の□から１つずつ選んで書きましょう。　各10点【20点】

① わたしはインドに行きたいです。

I want to go to ＿＿＿＿ .

② ぼくはピザが食べたいです。

I want to ＿＿＿＿ pizza.

Italy　eat　India　drink

リスニング

3 音声を聞いて，それぞれが行きたい国とその国でしたいことを，下のア～カから選び，記号で答えましょう。　各10点【40点】

	行きたい国	その国でしたいこと
①ソフィア	(　　)	(　　)
②タケル	(　　)	(　　)

ア　スペイン
イ　フランス
ウ　スイス
エ　チーズを食べる
オ　サッカーの試合を見る
カ　チョコレートを買う

英語 7

時間割《じかんわり》について話そう！

目標時間 20 分

学習した日　　月　　日

名前

得点

100点満点

答え ▶ 121ページ

リスニング

1 音声を聞いて，声に出して読みましょう。そのあとに，次の英文を声に出して読みながら，なぞりましょう。　各10点【40点】

① あなたは月曜日に体育がありますか。

Do you have P.E.
on Mondays?

② はい。ぼくは月曜日に体育があります。

Yes. I have P.E. on Mondays.

③ あなたは日曜日に何を勉強しますか。

What do you study
on Sundays?

④ わたしは日曜日に英語と算数を勉強します。

I study English and math
on Sundays.

2 次の英文に合う絵を，下のア～エから選び，記号で答えましょう。　各15点【30点】

① 

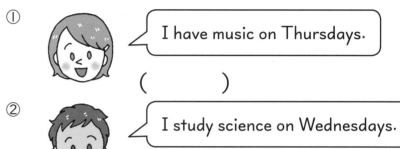

I have music on Thursdays.

(　　　)

② 

I study science on Wednesdays.

(　　　)

ア 

イ 

ウ 

エ 

リスニング

3 音声を聞いて，それぞれの内容《ないよう》に合うものを１つずつ選び，○で囲《かこ》みましょう。　各10点【30点】

① マキは（　火曜日　/　木曜日　）に国語があります。

② シンジは土曜日に（　英語　/　社会　）を勉強します。

③ ポールは金曜日に（　書道　/　体育　）があります。

確認《かくにん》テスト①

目標時間 20 分

学習した日　　月　　日

名前

得点

100点 満点

答え ▶ 121ページ

1 次の英文の______に入る英語を，下の□から１つずつ選んで書きましょう。　各８点【40点】

① ぼくの名前はジャックです。

My ______ is Jack.

② こちらはどなたですか。

______ is this?

③ ぼくは上手に歌うことができません。

I ______ sing well.

④ わたしは金曜日に英語があります。

I ______ English on Fridays.

⑤ あなたは誕生日《たんじょうび》に何がほしいですか。

______ do you want for your birthday?

Who　have　can't　name　What

2 次の自己紹介《じこしょうかい》カードを見て，英文の（　　）に入る英語を，下のア～カから選び，記号で答えましょう。　各８点【24点】

① I like (　　　).

② I want a (　　　).

③ I study English on (　　　).

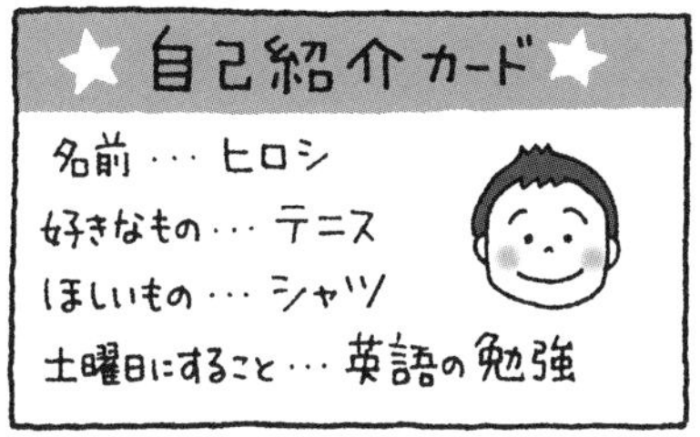

ア	book	イ	shirt	ウ	tennis
エ	soccer	オ	Saturdays	カ	Sundays

リスニング

3 音声を聞いて，リリーについてのメモを，日本語や数字を使って完成させましょう。　各９点【36点】

★リリーについて★

・誕生日	:(①　　　　月　　　　日)
・好きな教科	:(②　　　　　　　　)
・行きたいところ	:(③　　　　　　　　)
・ヒーロー	:(④　　　　　　　　)

英語 9

食べ物を注文しよう！

目標時間 20分　学習した日　月　日

名前

得点　100点満点

答え ▶ 121ページ

英語

リスニング

1 音声を聞いて，声に出して読みましょう。そのあとに，次の英文を声に出して読みながら，なぞりましょう。　各10点【40点】

① 何をめしあがりますか。

What would you like?

② わたしはピザがほしいです。

I'd like pizza, please.

③ そのピザはいくらですか。

How much is the pizza?

④ 800円です。

It's 800 yen.

2 次の英文の＿＿に入る英語を，下の□から１つずつ選んで書きましょう。　各10点【20点】

① わたしはハンバーガーがほしいです。

＿＿＿＿ like a hamburger.

② そのジュースはいくらですか。

How ＿＿＿＿ is the juice?

many　I'd　much　I

リスニング

3 音声を聞いて，それぞれの人物が注文したものと金額《きんがく》を，下のア～カから選び，記号で答えましょう。　各10点【40点】

ア 　イ 　ウ 

エ	オ	カ
300円	400円	500円

① 注文したもの：(　　　　)　金額：(　　　　)

② 注文したもの：(　　　　)　金額：(　　　　)

さがしものはどこ？

目標時間 20 分

学習した日　　月　　日

名前

得点

100点満点

答え ▶ 122ページ

リスニング

1 音声を聞いて，声に出して読みましょう。そのあとに，次の英文を声に出して読みながら，なぞりましょう。　各10点【40点】

① ボールはどこですか。

Where is the ball?

② テーブルの下です。

It's under the table.

③ わたしのペンはどこですか。

Where is my pen?

④ テーブルの上です。

It's on the table.

2 下の絵を見て，質問《しつもん》の答えとなるように，正しいほうを○で囲《かこ》みましょう。　各10点【20点】

① 質問：Where is the cup?

答え：It's (by / on) the table.

② 質問：Where is the dog?

答え：It's (under / in) the chair.

リスニング

3 音声を聞いて，それぞれの絵に合っていれば○を，合っていなければ×を（　）に書きましょう。　各20点【40点】

①

(　　　)

②

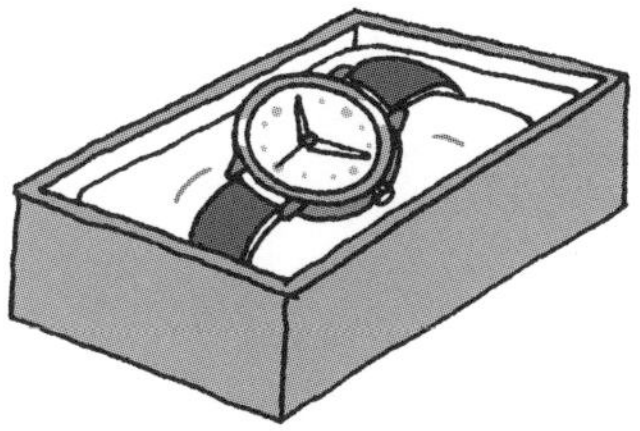

(　　　)

英語

11 道案内をしよう！

目標時間 20 分

学習した日　　月　　日

名前

得点

100点満点

答え ▶ 122ページ

リスニング

1 🎧 音声を聞いて，声に出して読みましょう。そのあとに，次の英文を声に出して読みながら，なぞりましょう。　各10点【40点】

① 図書館はどこですか。

Where is the library?

② まっすぐ行ってください。
左側にそれが見えます。

Go straight.

You can see it on your left.

③ 公園で右に曲がってください。

Turn right at the park.

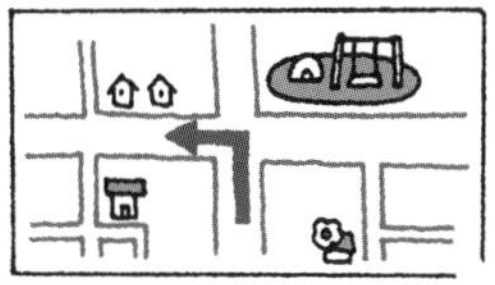

④ ｌつ目の角を左に曲がってください。

Turn left at the first corner.

2 次の英文の＿＿＿に入る英語を，下の□から１つずつ選んで書きましょう。　各10点【20点】

① 病院で右に曲がってください。

Turn ＿＿＿＿＿＿ at the hospital.

② まっすぐ行ってください。

＿＿＿＿＿＿ straight.

left　right　See　Go

リスニング

3 🎧 音声を聞いて，それぞれの指《し》示《じ》にしたがってたどり着く場所をア～エから選び，記号で答えましょう。　各20点【40点】

①（　　　　）　②（　　　　）

一日の生活を説明しよう！

目標時間 20 分

学習した日　　月　　日

名前

得点

100点 満点

答え ▶ 122ページ

リスニング

1 音声を聞いて，声に出して読みましょう。そのあとに，次の英文を声に出して読みながら，なぞりましょう。　各10点【40点】

① あなたは10時にねますか。

Do you go to bed at ten?

② はい，ねます。

Yes, I do.

③ あなたは何時に夕食を食べますか。

What time do you eat dinner?

④ わたしはふつう，6時に夕食を食べます。

I usually eat dinner at six.

2 下の絵を見て，次の英文の（　　）に入る英語を，下のア～エから１つずつ選び，記号で答えましょう。　各10点【30点】

① I (　　　) at seven.

② I (　　　) at twelve.

③ I (　　　) at nine.

ア	go to school	イ	take a bath
ウ	get up	エ	eat lunch

リスニング

3 音声を聞いて，それぞれの内容《ないよう》に合うものを１つずつ選び，○で囲《かこ》みましょう。　各10点【30点】

① わたしは７時に（　家を出　/　朝食を食べ　）ます。

② わたしは（　６時　/　７時　）にお風呂《ふろ》に入ります。

③ わたしは（　９時　/　10時　）にねます。

英語 13 ほしいものは何？

目標時間 20 分

学習した日　　月　　日

名前

得点

100点 満点

答え ▶ 122ページ

リスニング

1 音声を聞いて，声に出して読みましょう。そのあとに，次の英文を声に出して読みながら，なぞりましょう。 各10点【40点】

① あなたはバナナがほしいですか。

Do you want a banana?

② はい。ありがとうございます。

Yes. Thank you.

③ あなたは朝食に何がほしいですか。

What do you want for breakfast?

④ ぼくはパンケーキがほしいです。

I want pancakes.

2 次の質問《しつもん》に対する正しい答えの文を，下のア～ウから選び，記号で答えましょう。 各15点【30点】

①

What do you want for lunch?

(　　　)

②

Do you want a pen?

(　　　)

ア I want curry and rice.
イ No, I don't. I have a pen.
ウ I like white T-shirts.

リスニング

3 音声を聞いて，それぞれの人物とその人物がほしいものを，線で結びましょう。 各10点【30点】

① カナ ●　　　● 

② ベン ●　　　● 

③ タク ●　　　● 

英語 14

したいことを話そう！

目標時間 20 分

学習した日　　月　　日

名前

得点

100点満点

答え ▶ 123ページ

リスニング

1 音声を聞いて，声に出して読みましょう。そのあとに，次の英文を声に出して読みながら，なぞりましょう。　各10点【40点】

① あなたは何を勉強したいですか。

What do you want to study?

国語

② わたしは国語を勉強したいです。

I want to study Japanese.

③ あなたは何になりたいですか。

What do you want to be?

④ ぼくは消防士《しょうぼうし》になりたいです。

I want to be a fire fighter.

2 次の英文に合う絵を，下のア～エから選び，記号で答えましょう。　各10点【20点】

①

I want to be a singer.

（　　　）

②

I want to be a florist.

（　　　）

ア

イ

ウ

エ

リスニング

3 音声を聞いて，それぞれが勉強したいことと，なりたい職業《しょくぎょう》を，下のア～エから選び，記号で答えましょう。　各10点【40点】

	勉強したいこと	なりたい職業
①アキラ	（　　）	（　　）
②エマ	（　　）	（　　）

ア　体育　　イ　算数　　ウ　警察官《けいさつかん》　　エ　医者

英語 15

季節の行事について話そう！

目標時間 20 分

学習した日　　月　　日

名前

得点

100点 満点

答え ▶ 123ページ

リスニング

1 音声を聞いて，声に出して読みましょう。そのあとに，次の英文を声に出して読みながら，なぞりましょう。　各10点【30点】

① あなたはお正月に何をしますか。

What do you do
on New Year's Day?

② ぼくはふつう，おせち料理を食べます。

I usually eat *osechi*.

③ わたしたちは春に花見があります。

We have *hanami* in spring.

2 次の絵を表す文を，下のア～ウから選び，記号で答えましょう。　各15点【30点】

①

(　　　)

②

(　　　)

ア　We usually play *karuta* in January.
イ　We have Dolls' Festival in March.
ウ　We have Christmas in December.

リスニング

3 音声を聞いて，それぞれの会話に合う絵を，下のア～エから選び，記号で答えましょう。　各20点【40点】

ア

イ

ウ

エ

①(　　　)　②(　　　)

確認《かくにん》テスト②

目標時間 20 分

学習した日　月　日

名前

得点

100点満点

答え▶123ページ

1 次の英文の＿＿に入る英語を，下の□から１つずつ選んで書きましょう。 各８点【40点】

① わたしはサラダがほしいです。

I'd ＿＿＿＿＿＿ a salad.

② あなたはふつう何時にねますか。

What ＿＿＿＿＿＿ do you usually go to bed?

③ あなたの右側にそれが見えます。

You can see it on your ＿＿＿＿＿＿ .

④ あなたは夕食に何がほしいですか。

What do you ＿＿＿＿＿＿ for dinner?

⑤ あなたは何になりたいですか。

What do you want to ＿＿＿＿＿＿ ?

want　be　time　right　like

2 絵を見て，質問《しつもん》の答えとなるように，正しいほうを○で囲《かこ》みましょう。 各10点【30点】

① 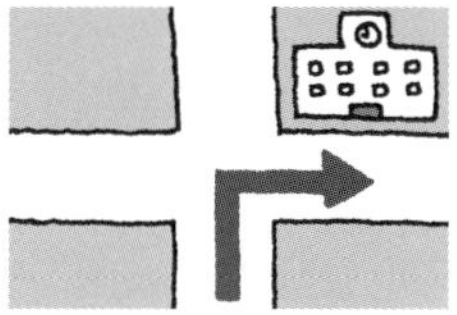

質問：Where is the school?

答え：Turn (left / right) at the corner.

② 

質問：Where is the dog?

答え：It's (by / on) the bed.

③ 

質問：What do you do for Christmas?

答え：I (eat / read) fried chicken.

リスニング

3 音声を聞いて，それぞれの絵に合うものをア～ウから選び，○で囲みましょう。 各10点【30点】

① 

(ア　イ　ウ)

② 

(ア　イ　ウ)

③ 

(ア　イ　ウ)

日本の国土とくらし①

目標時間 20 分　学習した日　月　日

名前

得点　100点満点

答え ▶ 124ページ

1 日本の国土について，次の問いに答えましょう。　各5点【50点】

(1) 地球上での位置を表すときに使う，地図中のⒶ・Ⓑの線をそれぞれ何といいますか。

Ⓐ(　　　　)

Ⓑ(　　　　)

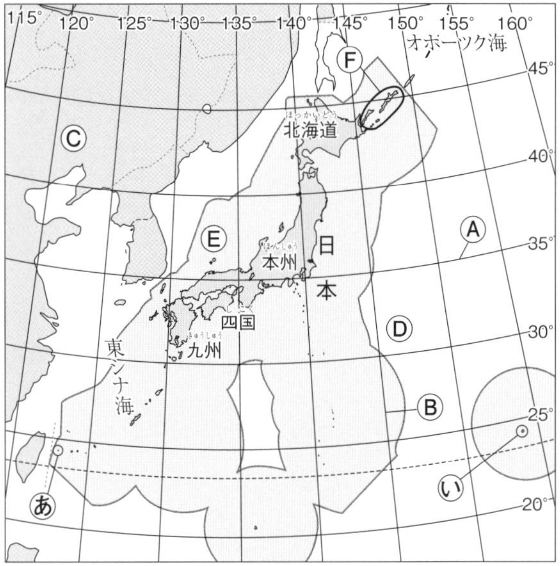

▲日本の広がりとまわりの海

(2) 日本は，何という大陸の東にありますか。

(　　　　)

(3) 日本の周りにある国々のうち，地図中のⒸの国の名を答えましょう。

(　　　　)

(4) 日本を囲む４つの海のうち，地図中のⒹ・Ⓔの海の名を答えましょう。　Ⓓ(　　　　)　Ⓔ(　　　　)

(5) □は，日本の何という海のはんいを示《しめ》していますか。

(　　　　)

(6) 現在，ロシア連邦《れんぽう》が不法に占領《せんりょう》している，地図中のⒻの島々を合わせて何といいますか。　(　　　　)

(7) 日本の西と東のはしにあたる，地図中のあ・いの島の名を答えましょう。　あ(　　　　)　い(　　　　)

2 日本の地形と気候について，次の問いに答えましょう。　【50点】

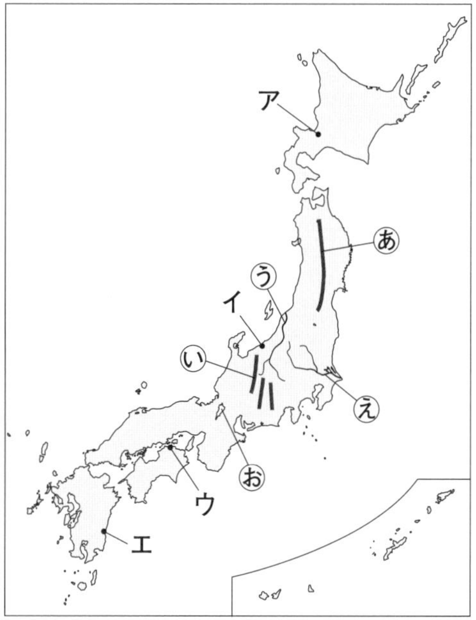

(1) 地図中のあは日本最長の山脈《さんみゃく》，いは木曽《きそ》山脈，赤石《あかいし》山脈と合わせて「日本の屋根」ともいわれる山脈です。それぞれの山脈の名を答えましょう。　各6点（12点）

あ(　　　　)

い(　　　　)

(2) 地図中のうは日本最長の川，えは流域《りゅういき》面積が日本最大の川，おは日本で最も広い湖です。それぞれの名を答えましょう。　各6点（18点）

う(　　　　)

え(　　　　)　お(　　　　)

(3) 日本では，夏の季節風はどの方向からふきますか。　（6点）(　　　　)

(4) 右の気候グラフにあたる都市を，地図中のア～エから１つ選び，記号で答えましょう。　（6点）(　　　　)

(5) (4)について，その都市を選んだ理由をかんたんに書きましょう。　（8点）

(　　　　)

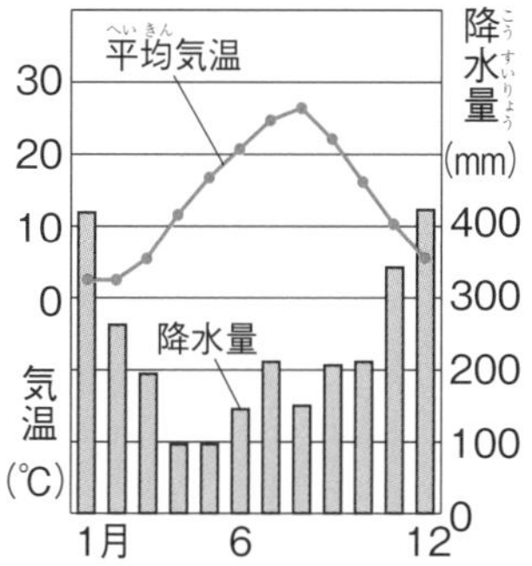

（平成31年版「理科年表」）

日本の国土とくらし②

目標時間 20分　学習した日　月　日
名前
得点　100点満点
答え ▶ 124ページ

1 沖縄県《おきなわけん》の自然とくらしについて，次の問いに答えましょう。 各9点【45点】

(1) 那覇《なは》市では，①6月と②9月に降《こう》水量《すいりょう》が多くなっていますが，それぞれ何のえいきょうによるものですか。

①(　　　　　)　②(　　　　　)

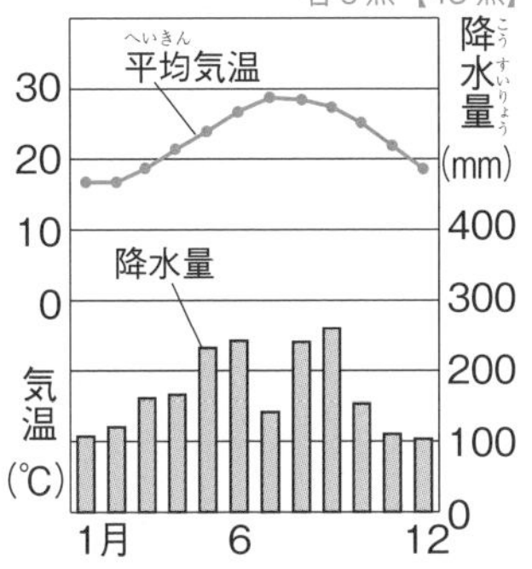

(平成31年版「理科年表」)
▲那覇市の平均気温と降水量

(2) 沖縄県の様子として，正しいものに○を，まちがっているものに×をつけましょう。

①(　　) かつては，さとうきびのさいばいがさかんだったが，今は行われていない。

②(　　) 降水量が多いので，水不足の心配はない。

③(　　) 日本に返されたあとも，アメリカの軍用地がある。

2 北海道《ほっかいどう》の自然とくらしについて，次の問いに答えましょう。 各9点【36点】

(1) 札幌《さっぽろ》市で，平均《へいきん》気温が0度以下の月は何か月ありますか。数字で答えましょう。　(　　　か月)

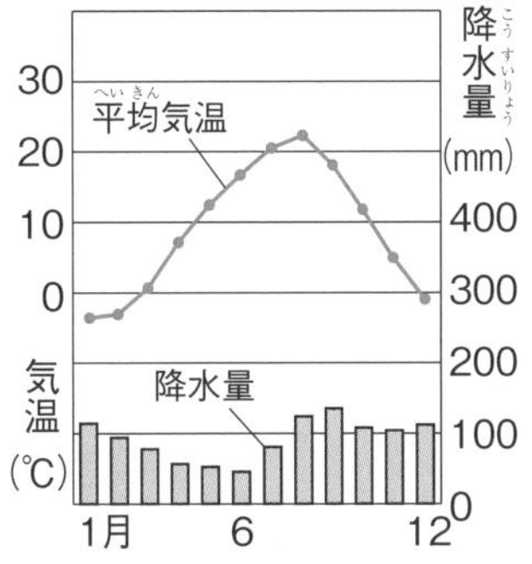

(平成31年版「理科年表」)
▲札幌市の平均気温と降水量

(2) 北海道では寒さに備《そな》えるため，家にさまざまなくふうをしています。次の文の□にあてはまることばを書きましょう。　(　　　　　)

◇ 北海道では寒さ対さくとして，家の窓《まど》を□にしている。

(3) 十勝《とかち》平野などで多くさいばいされている，砂糖《さとう》の原料となる農作物を次のア～エから1つ選び，記号で答えましょう。　(　　)

ア さとうきび　イ てんさい　ウ 葉たばこ　エ はっか

(4) 右の表のように，十勝平野では農作物の病気を防《ふせ》ぐために，いろいろな作物を順にちがう畑で育てています。このような方法を何といいますか。(　　　　　)

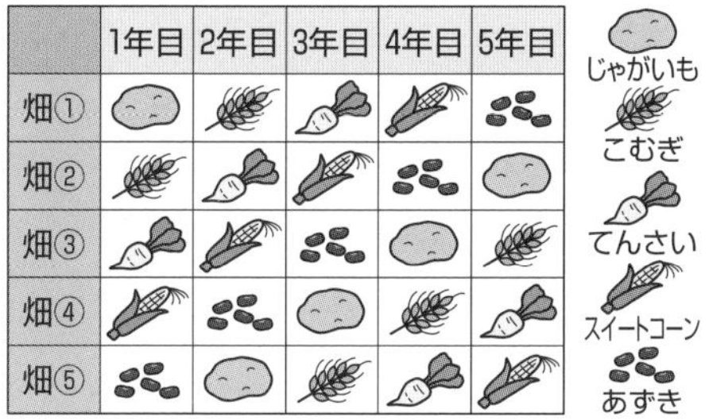

3 雪国の自然とくらしについて，次の問いに答えましょう。【19点】

(1) 右の写真は，雪下ろしをしている様子です。雪下ろしをする理由をかんたんに書きましょう。　(10点)

(　　　　　　　　　　　　)

(悠工房)

(2) 次の文は，雪国の道路のくふうについて説明したものです。何について述《の》べていますか。下のア～ウから1つ選び，記号で答えましょう。　(9点)(　　)

◇ 道にたまった雪を川まで流してすてるための水路。決まった時間に道路の下につくられた水路に雪を落とし，川の水の流れを利用して雪を流す。

ア ロードヒーティング　イ 流雪こう　ウ 消雪パイプ

稲作《いなさく》がさかんな地域《ちいき》①

目標時間 20分

学習した日　月　日

名前

得点

100点満点

答え ▶ 124ページ

1 次の地図とグラフを見て,あとの問いに答えましょう。 各5点【45点】

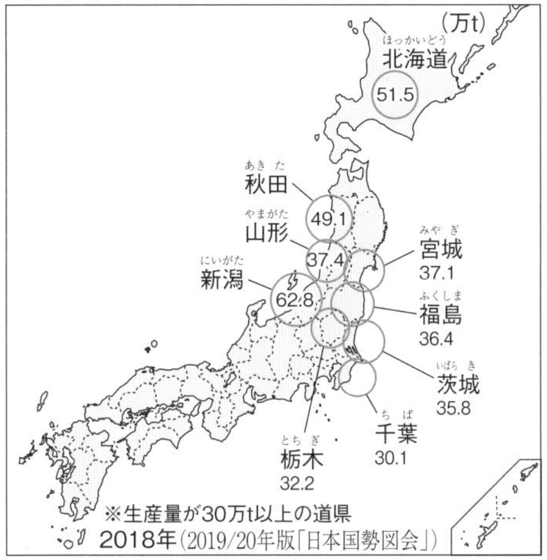

▲㋐都道府県別の米の生産量

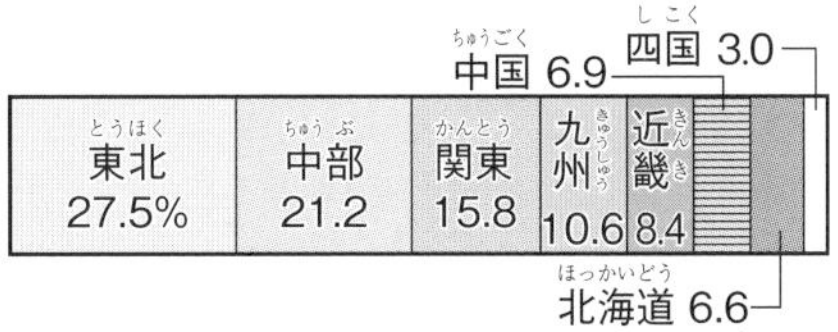

2018年(2019/20年版「日本国勢図会」)

▲㋑地方別の米の生産量のわりあい

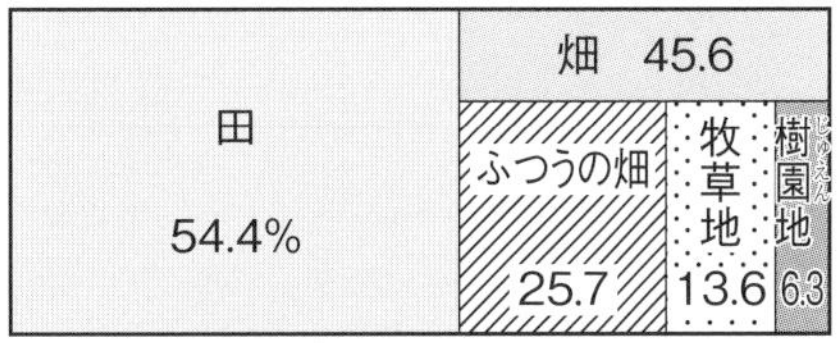

2018年(2019/20年版「日本国勢図会」)

▲㋒日本の耕地《こうち》面積のわりあい

(1) 次の文の(　)にあてはまることばを書き，そのことがわかる地図またはグラフの記号を□に書きましょう。

① 日本で米の生産量が多いのは，(　　　　)地方と中部《ちゅうぶ》地方である。 □

② 2018年の米の生産量が最も多い都道府県は(　　　　)である。 □

③ 日本の耕地《こうち》面積で最も広いのは(　　　　)である。 □

(2) 次の文のうち，地図とグラフからわかることには○を，わからないことには×をつけましょう。

①(　　) 日本の耕地面積は，年々減ってきている。

②(　　) 東北《とうほく》地方では,日本の米の約4分の1が生産されている。

③(　　) 越後《えちご》平野や庄内《しょうない》平野は「日本の米ぐら」といわれる。

2 山形県の庄内平野が日本有数の米の産地となっている理由を述《の》べた,次の文の(　)にあてはまることばを書きましょう。 各5点【20点】

(1) 県で最も長い(　　　　　　)川をはじめ多くの川があり，豊富な水が米づくりをささえている。

(2) 夏と冬，昼と夜の(㋐　　　　　)の差が大きく，春から秋にかけての(㋑　　　　　)時間が長い。

(3) 夏になると，(　　　　　)の方向からあたたかくかわいた季節風がふき，ぬれた葉をかわかして，稲《いね》の病気を防《ふせ》ぐ。

3 次の米づくりカレンダーの①～⑤にあてはまる写真を下から選び，(　)に記号で答えましょう。 各7点【35点】

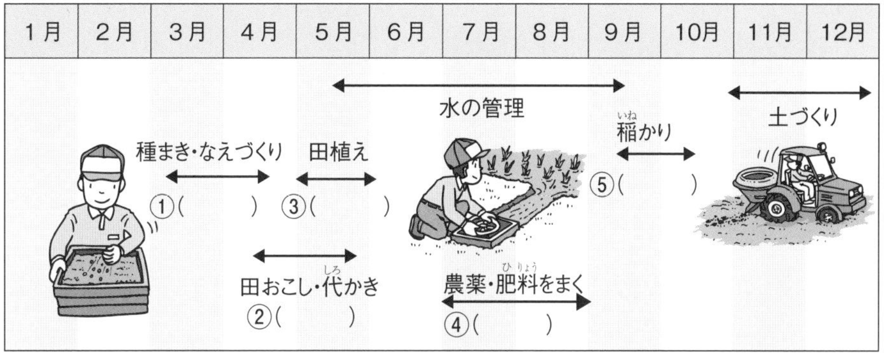

(悠工房)

稲作《いなさく》がさかんな地域《ちいき》②

1 米づくりのくふうについて，次の問いに答えましょう。【40 点】

(1) 2015年の米づくりの労働時間は，1960 年の何分の 1 に短しゅくされましたか。(5点)(およそ　　　　)

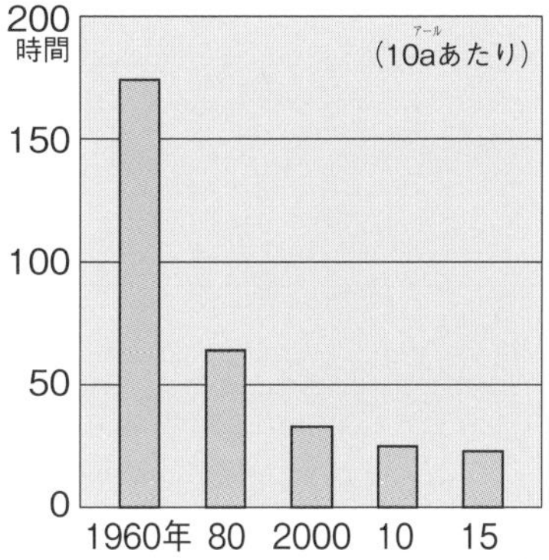

(農林水産省資料)
▲米づくりの労働時間の変化

(2) 米づくりの労働時間が大きく短しゅくされた理由をかんたんに書きましょう。(10 点)
(　　　　　　　　)

(3) 田の形を整え，区画を広げ，水路や農道を整備《せいび》することを何といいますか。(5 点)
(　　　　　　　　)

(4) (3)が行われたことで，米づくりはどのように変化しましたか。
(10 点)(　　　　　　　　)

(5) 右の写真は，農家がつくった米を共同で保管《ほかん》する施設《しせつ》です。これを何といいますか。
(5点)(　　　　　　　　)

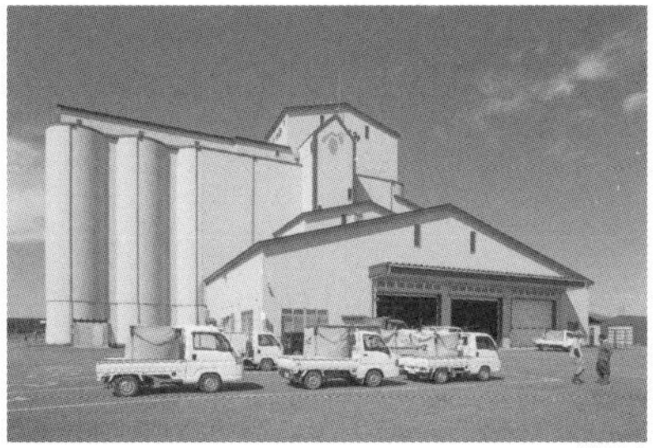
(悠工房)

(6) 保管している米を計画的に出荷しているのはどこですか。(5点)(　　　　　　　　)

2 山形県の水田農業試験場で開発された「はえぬき」や「つや姫《ひめ》」について，次の問いに答えましょう。各 6 点【30 点】

(1) いろいろな品種のよいところを集めて新しい品種をつくり出すことを何といいますか。(　　　　　　　　)

(2) 庄内《しょうない》平野で最も多くさいばいされている「はえぬき」は，何という品種と品種をかけ合わせてつくられましたか。

(　　　　　　　　)と(　　　　　　　　)

(3) 2010 年からはん売されている「つや姫」は，何という品種と品種をかけ合わせてつくられましたか。
(　　　　　　　　)と(　　　　　　　　)

3 右の図を見て，次の問いに答えましょう。各 6 点【30 点】

(1) 次の文の(　)にあてはまることばを書きましょう。

55 年ほど前から，米の(あ　　　　)量が(い　　　　)量を上回り，米が(う　　　　)ようになってきた。そこで米の(え　　　　)が行われるようになった。

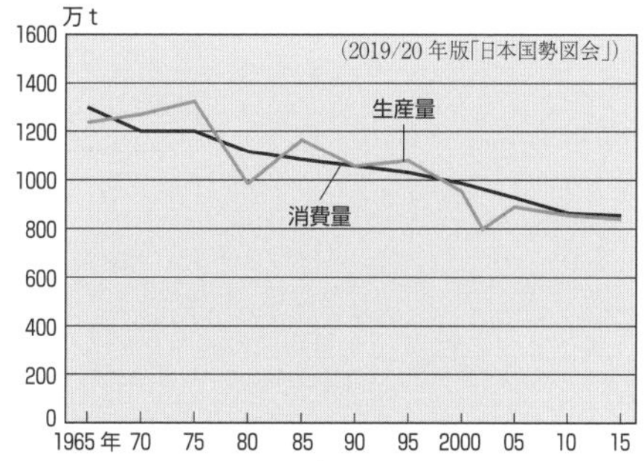

▲米の生産量と消費量の変化

(2) (1)のえのため，多くの農家は大豆《だいず》や野菜をつくるようになりました。このことを何といいますか。(　　　　　　　　)

畑作・畜産《ちくさん》がさかんな地域《ちいき》

目標時間 20 分

学習した日　　月　　日

名前

得点

100点 満点

答え ▶ 124ページ

1 右の地図を見て，次の問いに答えましょう。　各5点【50点】

(1) 野菜の生産額《がく》が多い都道府県を順に３つ書き，その都道府県で生産量が日本一の野菜を下から選び，□に記号で答えましょう。

１位(　　　　　　　　)□

２位(　　　　　　　　)□

３位(　　　　　　　　)□

ア　はくさい

イ　たまねぎ

ウ　キャベツ

エ　ほうれんそう

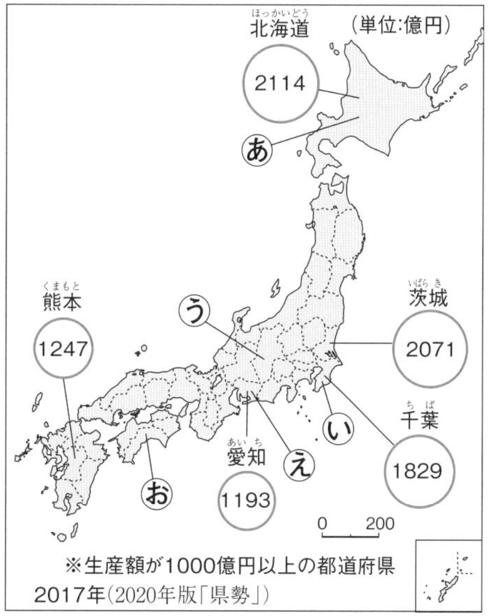

▲都道府県別の野菜の生産額

(2) 次の文は，地図中のあ～おの道・県についての説明です。あてはまる道・県を選び，記号で答えましょう。

① 東京，横浜《よこはま》などの大都市の消費地をひかえて，近郊農業《きんこうのうぎょう》がさかんです。　(　　　　)

② 夏でもすずしい気候をいかして，レタスなどの高原野菜のさいばいがさかんです。　(　　　　)

③ 冬でもあたたかいので，ビニールハウスを利用したなすやピーマンづくりがさかんです。　(　　　　)

④ にんじん，かぼちゃ，ブロッコリーなどの野菜を中心に，生産量日本一のものが多くあります。　(　　　　)

2 右の地図は，りんご・みかん・ぶどうの生産量上位５県を表しています。これを見て，次の問いに答えましょう。　各5点【30点】

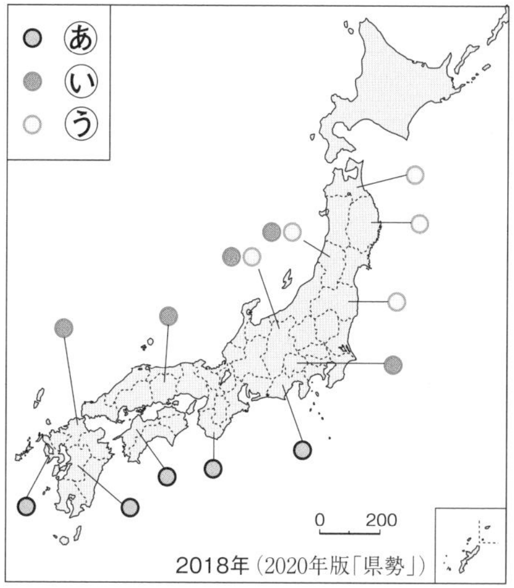

(1) あ・い・うの果物《くだもの》は，それぞれ何ですか。

あ(　　　　　　　　)

い(　　　　　　　　)

う(　　　　　　　　)

(2) 次の文は，あ・い・うのさいばいがさかんな地域《ちいき》の説明です。あてはまる果物を選び，記号で答えましょう。

① あたたかい気候で，日あたりのよい地域　(　　　　)

② 水はけがよく，昼夜の温度差が大きい地域　(　　　　)

③ 雨が少なく，すずしい気候の地域　(　　　　)

3 右の地図は，肉牛・乳牛《にゅうぎゅう》の飼《し》育頭数《いくとうすう》上位５位までの道・県を表しています。あ・いにあてはまる家畜《かちく》名を書きましょう。　各10点【20点】

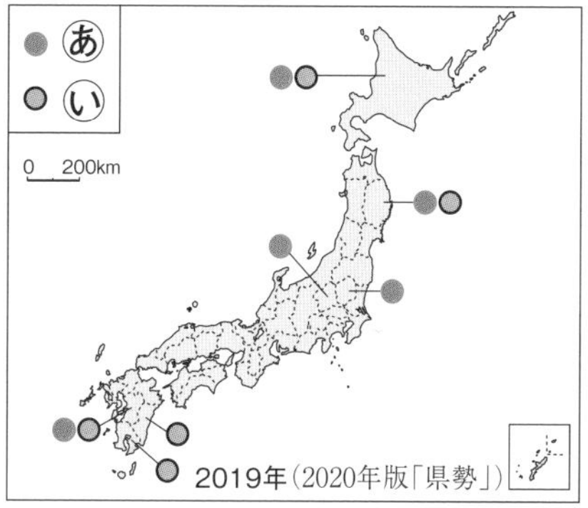

あ(　　　　　　　　)

い(　　　　　　　　)

確認《かくにん》テスト①

目標時間 20 分　学習した日　　月　　日

名前

得点　100点満点

答え ▶ 125ページ

1 図やグラフを見て，次の問いに答えましょう。　各8点【64点】

(1) 下の図は，ある農家の米づくりカレンダーです。図中の①～③にあてはまる作業を，あとのア～エから1つずつ選び，記号で答えましょう。　①(　　)　②(　　)　③(　　)

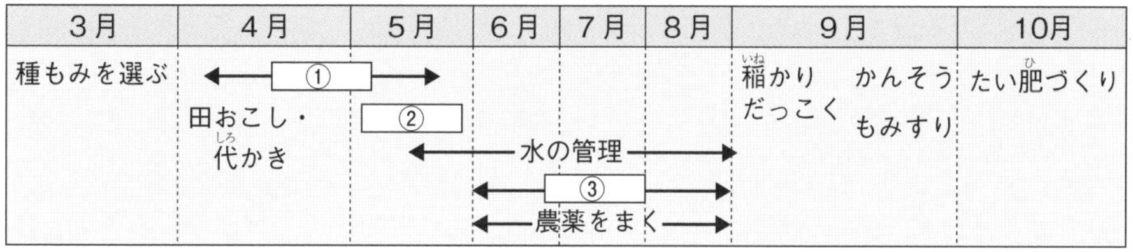

ア　土づくり　　イ　田植え　　ウ　なえを育てる

エ　肥料《ひりょう》をまく

(2) 右のグラフは，日本の農産物の生産額《がく》のわりあいを表したものです。グラフ中の①・②にあてはまるものを，次のア～エから1つずつ選び，記号で答えましょう。　①(　　)　②(　　)

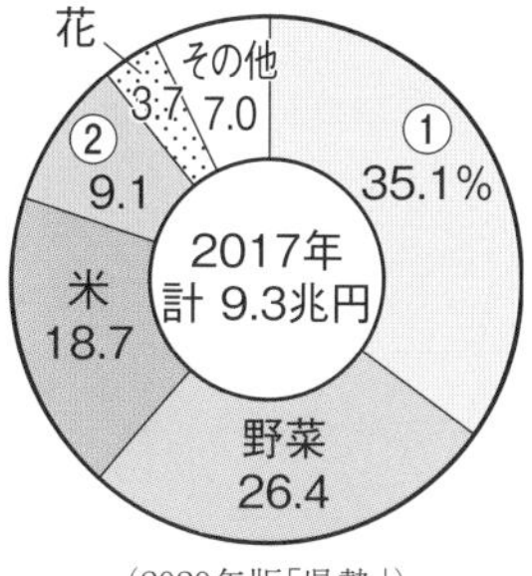

(2020年版「県勢」)

ア　工芸作物　　イ　畜産物《ちくさんぶつ》　　ウ　麦類　　エ　果物《くだもの》

(3) 右のグラフは，日本の主な果物の県別生産量のわりあいを表したものです。①～③にあてはまるものを，次のア～カから1つずつ選び，記号で答えましょう。　①(　　)　②(　　)　③(　　)

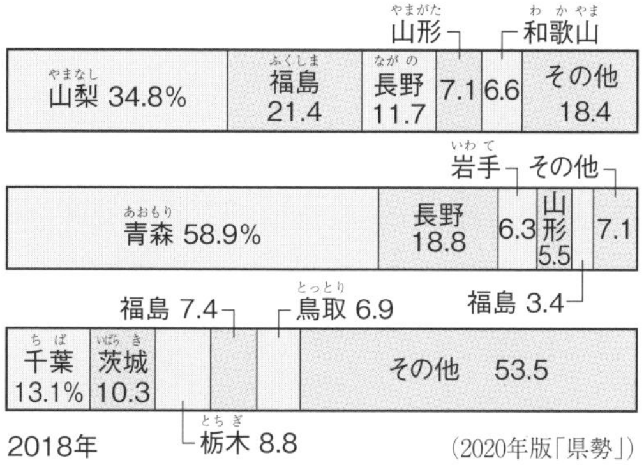

(2020年版「県勢」)

ア　ぶどう　　イ　日本なし　　ウ　みかん

エ　りんご　　オ　もも　　カ　おうとう(さくらんぼ)

2 次の問いに答えましょう。　各9点【36点】

(1) 次の文は，日本の位置について説明したものです。あには大陸名，いには海洋名を書きましょう。　あ(　　　　)　い(　　　　)

◇　日本は［ あ ］大陸の東，［ い ］の西に位置します。

(2) 下の気候グラフは，札幌《さっぽろ》(北海道《ほっかいどう》)・上越《じょうえつ》(新潟《にいがた》県)・高松《たかまつ》(香川《かがわ》県)・鹿児島《かごしま》(鹿児島県)のいずれかの市のものです。このうち，上越にあてはまるものを1つ選び，記号で答えましょう。　(　　)

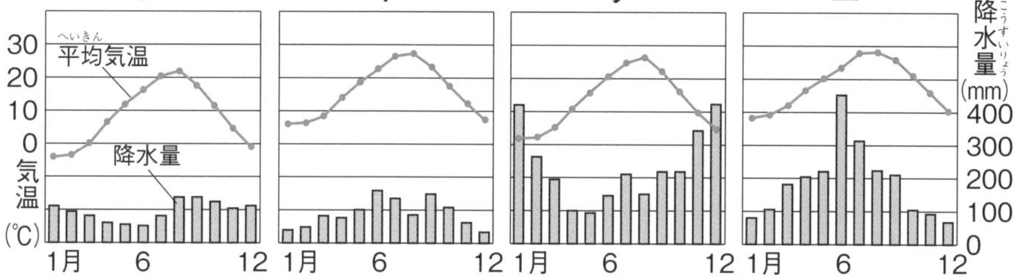

(平成31年版「理科年表」)

(3) 北方領土《ほっぽうりょうど》とよばれる択捉《えとろふ》島，国後《くなしり》島，色丹《しこたん》島，歯舞群島《はぼまいぐんとう》のうち，国後島の位置を右の地図中のア～エから選び，記号で答えましょう。

(　　)

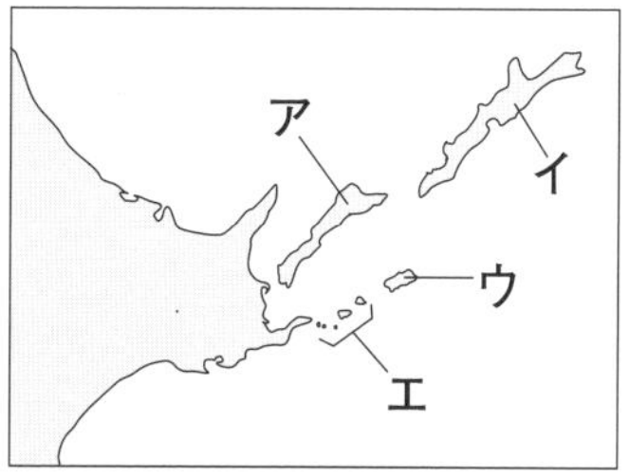

水産業がさかんな地域《ちいき》

目標時間 20 分

学習した日　　月　　日

名前

得点

100点満点

答え ▶ 125ページ

1 右の地図や図を見て，次の問いに答えましょう。【35点】

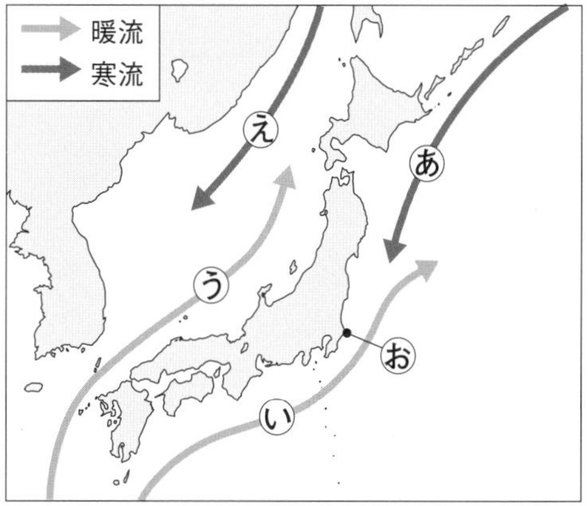

(1) あ～えの海流名を書きましょう。各5点（20点）

あ（　　　　　　　）

い（　　　　　　　）

う（　　　　　　　）

え（　　　　　　　）

(2) おは，さば，いわしなどを中心に，日本一の水あげ量をほこる千葉《ちば》県の漁港です。この漁港を何といいますか。（8点）

（　　　　　）

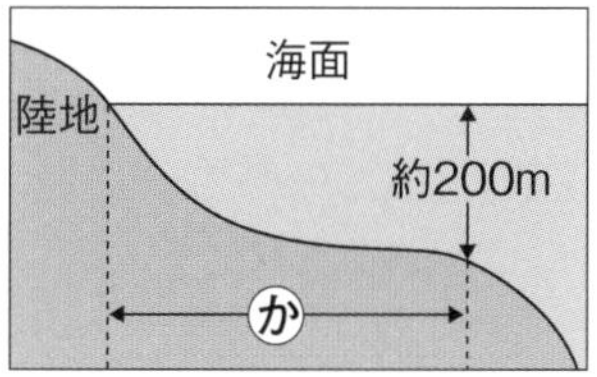

(3) かは，海そうなどがよく育つ海底です。これを何といいますか。（7点）（　　　　　）

2 次の漁業を何といいますか。下から選び，記号で答えましょう。各5点【15点】

① 10t《トン》以上の船を使って，日本の近海で数日がかりで行う漁。（　）

② 10t未満の船を使って，海岸の近くで行う漁や，定置《ていち》あみ，地びきあみなどを使って行う漁。（　）

③ 大型の船を使って，日本から遠くはなれた漁場に出かけ，長期間かけて行う漁。（　）

ア 遠洋漁業　　イ 沖合《おきあい》漁業　　ウ 沿岸《えんがん》漁業

3 右のグラフを見て，次の問いに答えましょう。各5点【35点】

(1) グラフのあ～えにあてはまる漁業名を書きましょう。

あ（　　　　　　　）漁業

い（　　　　　　　）漁業

う（　　　　　　　）漁業

え（　　　　　　　）業

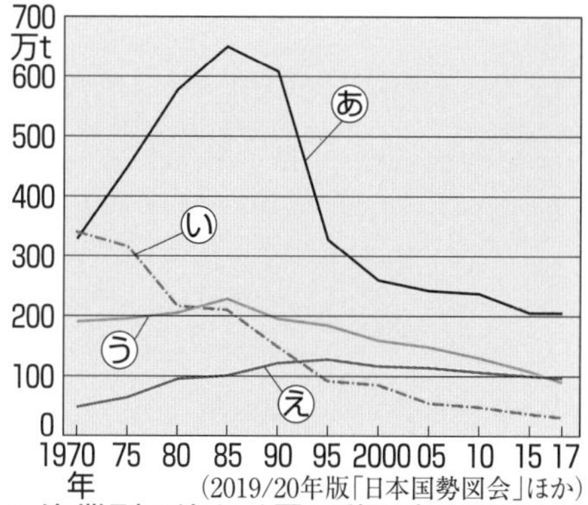

▲ 漁業別の漁かく量の移り変わり

(2) 次の文は，(1)のどの漁業について説明したものですか。（　）に記号で答えましょう。

① 各国が200海里水域《かいりすいいき》をもうけるようになってから，とくに漁かく量が減《へ》ってきた。（　）

② 育てる漁業の1つであるが，えさ代が高く，食べ残しのえさなどが原因《げんいん》で赤潮《あかしお》が発生することもある。（　）

③ 1990年ごろから，漁かく量は大きく減ってきた。（　）

4 日本の水産業について，あてはまることに○を，あてはまらないことに×をつけましょう。各5点【15点】

①（　） 冷凍技術《れいとうぎじゅつ》の進歩や飛行機輸送《ゆそう》の発達などもあって，水産物の輸入《ゆにゅう》量が大きく増《ふ》えている。

②（　） わかい人を中心に，水産業で働く人が増えている。

③（　） さいばい漁業や養しょく業といった育てる漁業への転かんが進められている。

これからの食料生産

目標時間 20 分

学習した日　　月　　日

名前

得点

100点 満点

答え ▶ 125ページ

1 右の図を見て，答えましょう。 各4点【44点】

(1) 次の文の(　)にあてはまることばを書き，それがわかる図を□に記号で答えましょう。

① 稲作《いなさく》が最もさかんな地方は東北《とうほく》で，野菜は(　　　)地方である。 □

② 日本の耕地《こうち》面積は年々(　　　)きている。 □

③ 日本は国土の約３分の２が(　　　)である。 □

④ 日本の農業は(　　　)の生産が中心であったが，近ごろは畜産物《ちくさんぶつ》や野菜の生産が増加《ぞうか》している。 □

(2) 図からわかることに○，わからないことに×をつけましょう。

①(　　)耕地面積の減少《げんしょう》は都市周辺でいちじるしい。

②(　　)中部《ちゅうぶ》地方の米の主産地は北陸《ほくりく》地方である。

③(　　)現在《げんざい》は，畜産物の生産額《がく》が最も多い。

あ農業生産額《がく》のわりあいの変化

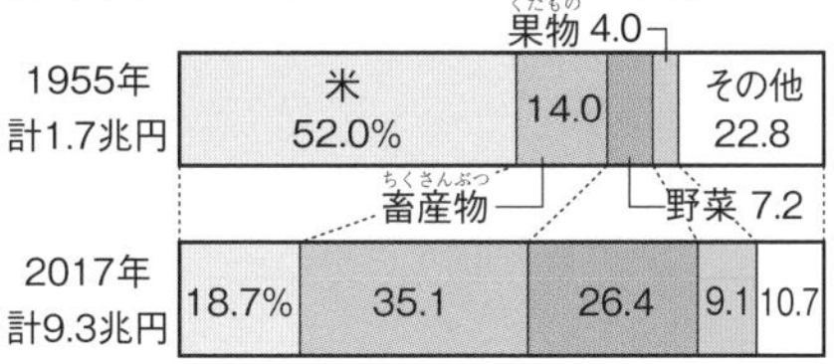

(2019/20年版「日本国勢図会」ほか)

い耕地《こうち》面積の変化

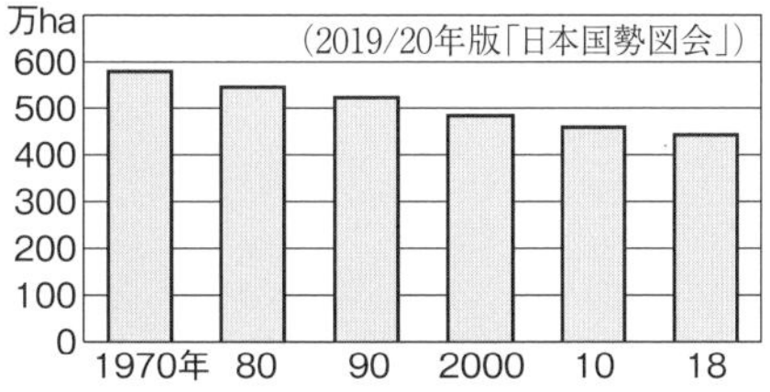

う地方別農業生産額のわりあい

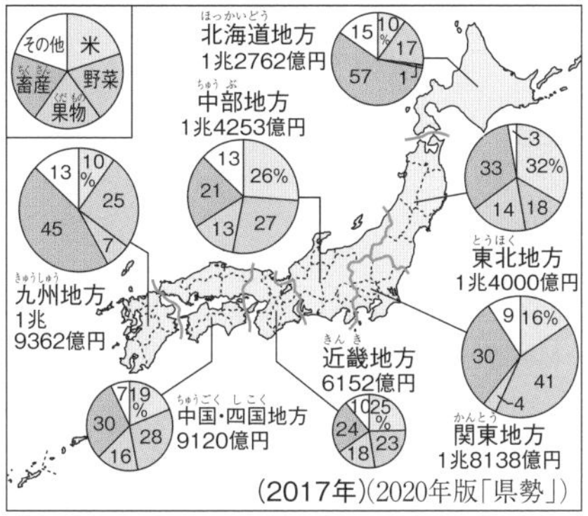

え日本の土地利用

(2016年)　(2019/20年版「日本国勢図会」)

2 右の図を見て，答えましょう。 【36点】

(1) 次の食料自給率《りつ》の説明の文で，(　)にあてはまることばを書きましょう。 (12点)

・国内で消費される食料のうち，国内で(　　　　)される食料のわりあい。

(2) 次の各文にあてはまる食料を図の㋐～㋒から選び，(　)に記号を，〔　〕に食料名を書きましょう。 各4点(24点)

① 国内では余《あま》っていたが，最低限の輸入《ゆにゅう》が義務づけられたため自給率が下がってきた。 (　) 〔　　　〕

② 日本産は外国産のものに品質や価格で対抗《たいこう》できないので，多くを輸入《ゆにゅう》している。 (　) 〔　　　〕

③ 比《ひ》かく的自給できるが，冷凍技術《れいとうぎじゅつ》の進歩や飛行機輸送《ゆそう》の発達などで輸入が増えてきている。 (　) 〔　　　〕

主な食料の自給率《りつ》の変化

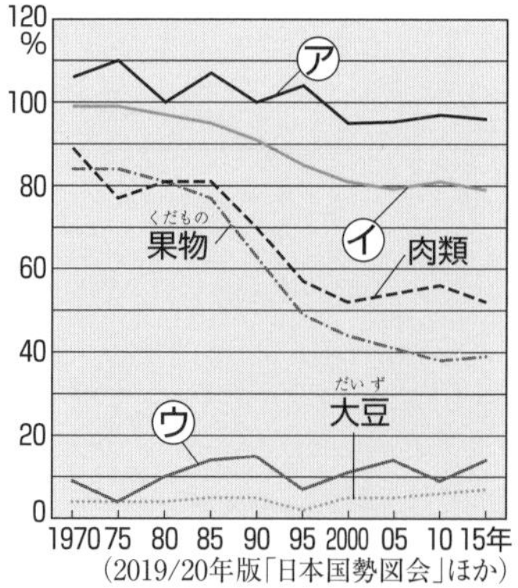

(2019/20年版「日本国勢図会」ほか)

3 次の問いに答えましょう。 各10点【20点】

(1) 農産物や畜産物の生産者，さいばいや飼育《しいく》記録などがわかるしくみを何といいますか。 (　　　　)

(2) 輸送費をかけて遠くから食料を運ぶよりも，なるべく住んでいる地元で生産された食料をいかしていくという取り組みを何といいますか。 (　　　　)

日本の工業①

目標時間 20 分

学習した日　　月　　日

名前

得点

100点 満点

答え ▶ 125ページ

1 工業について，次の問いに答えましょう。　各５点【30点】

(1) 次の文の(　)にあてはまることばを書きましょう。

工業とは，原料となるものに機械などで(①　　　　　)を加え，人々のくらしに(②　　　　　)ものをつくる産業です。

(2) 次の製品《せいひん》をつくる工業を何といいますか。下のア～オから１つずつ選び，記号で答えましょう。

① 毛糸，シャツ，織物《おりもの》　(　　)

② レール，鉄鋼《てっこう》，鉄板《てっぱん》　(　　)

③ 自動車，船，パソコン，冷蔵庫　(　　)

④ 薬，洗《せん》ざい，タイヤ，ナフサ　(　　)

ア 機械工業　　イ 化学工業　　ウ 金属工業

エ 食料品工業　　オ せんい工業

2 日本の工業の移《うつ》り変わりについて，次の問いに答えましょう。　各10点【20点】

(1) 今の日本で，工業生産額《がく》のわりあいが最も大きいⓐの工業は何ですか。

(　　　　　)

(2) 「その他」をのぞき，近年，工業生産額のわりあいが最も小さくなったⓘの工業は何ですか。　(　　　　　)

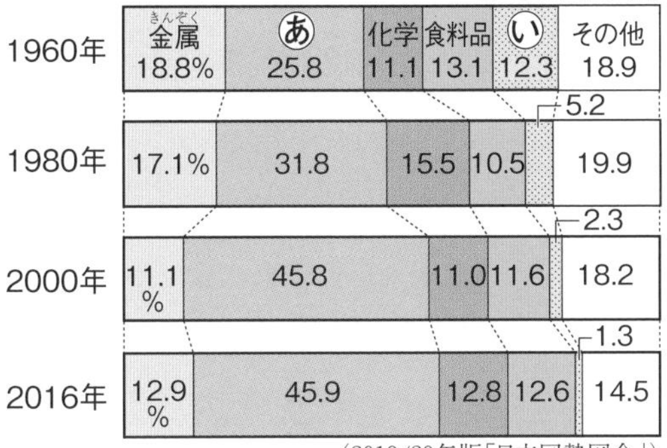

(2019/20年版「日本国勢図会」)

▲日本の工業生産額《がく》のわりあいの変化

3 次の図を見て，あとの問いに答えましょう。　各10点【50点】

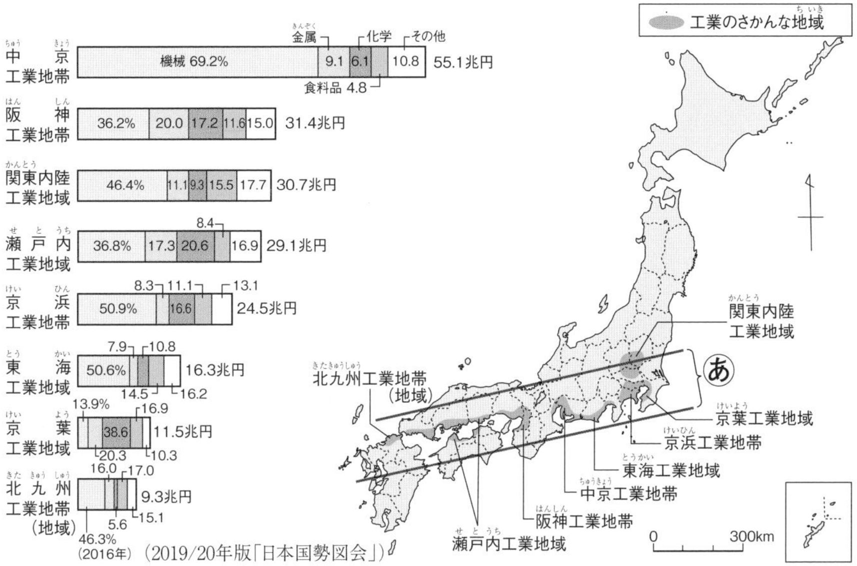

▲日本のおもな工業地帯・地域と生産額

(1) 工業生産額の最も多い工業地帯・工業地域《ちいき》はどこですか。

(　　　　　)

(2) 工業生産額の最も少ない工業地帯・工業地域はどこですか。

(　　　　　)

(3) 機械工業のわりあいが最も大きい工業地帯・工業地域はどこですか。　(　　　　　)

(4) 化学工業のわりあいが最も大きい工業地帯・工業地域はどこですか。　(　　　　　)

(5) 工業のさかんな地域が帯のように広がっている，図中のⓐの地域を何といいますか。　(　　　　　)

社会

10 日本の工業②

目標時間 20 分

学習した日　　月　　日

名前

得点

100点 満点

答え ▶ 125ページ

1 製鉄業《せいてつ》・石油工業について，次の問いに答えましょう。

各5点【50点】

(1) 製鉄所が海ぞいにある理由について，次の文の(　)にあてはまることばを書きましょう。

・原料である①(　　　　　)や②(　　　　　)を輸入にたよっているため。また，製品《せいひん》の多くを海外に③(　　　　　)しているため。

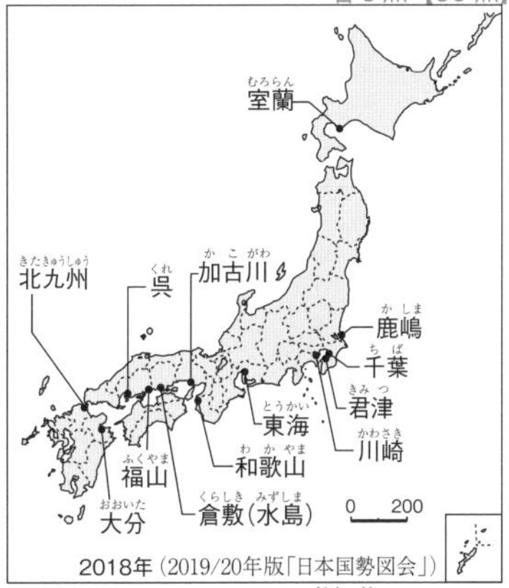

2018年(2019/20年版「日本国勢図会」)

▲おもな製鉄所の分布《ぶんぷ》

(2) 製鉄所と同じように，海ぞいに多い工場を，次から1つ選び，記号で答えましょう。

ア　食料品工場　　イ　石油工場　　(　　　)

ウ　自動車工場　　エ　ＩＣ《アイシー》(集積回路《しゅうせきかいろ》)工場

(3) 石油工場を中心に，石油製品を原料や燃料《ねんりょう》にする工場が集まっているところを何といいますか。(　　　　　)

(4) (3)で，石油工場と石油製品を使う工場は，何で結ばれていますか。(　　　　　)

(5) 次の石油製品は，石油の使われ方のどれにあたりますか。下のア～ウからそれぞれ選び，記号で答えましょう。

①　ナフサ(　　)　　②　ガソリン(　　)

③　灯油《とうゆ》(　　)　　④　ジェット燃料油《ねんりょうゆ》(　　)

ア　熱を生み出す燃料　　イ　ものを動かす燃料

ウ　工業製品の原料

2 大工場と中小工場について，次の問いに答えましょう。

【26点】

(1) 次の文の(　)にあてはまる数字を書きましょう。　各5点(10点)

中小工場は，工場数では約①(　　　)％をしめ，働く人の数では約70％をしめているが，生産額《がく》では②(　　　)分の1をやや下回っている。

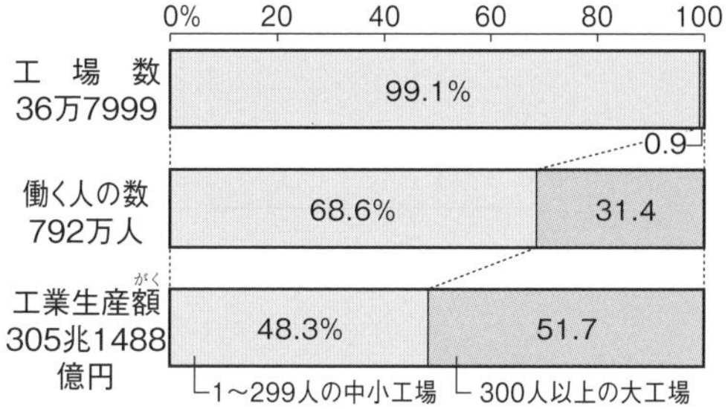

(2017年。工業生産額は2016年)
(2019/20年版「日本国勢図会」)

▲大工場と中小工場のわりあい

(2) 働く人1人あたりの生産額が多いのは，大工場と中小工場のどちらですか。　(6点)(　　　　　)

(3) 中小工場には，どのような生産の特色がありますか。かんたんに書きましょう。　(10点)

(　　　　　　　　　　)

3 日本の工業の課題について，次の文の(　)にあてはまることばを，下のア～カから選び，記号で答えましょう。

各8点【24点】

◇　工業製品の原料や資源《しげん》の多くを輸入している日本では，風力発電や太陽光発電などの①(　　　)エネルギーの開発にも取り組んでいます。また，未来のことも考えて，②(　　　)にもやさしい③(　　　)な社会をめざすことも大切です。

ア　環境《かんきょう》　　イ　持続可能《じぞくかのう》　　ウ　外国

エ　安全　　オ　再生可能《さいせいかのう》　　カ　資源《しげん》

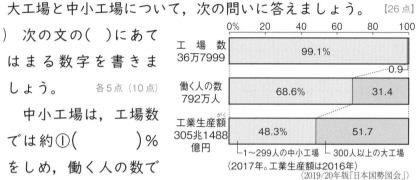

自動車をつくる工業

目標時間 20 分

学習した日　月　日

名前

得点

100点 満点

答え ▶ 125ページ

1 右の自動車をつくる作業の写真を見て，次の問いに答えましょう。 各8点【56点】

(1) 次の①～④の作業にあてはまる写真を選んで，記号で答えましょう。

① 鉄の板を打ちぬいたり曲げたりして，ドアやボンネットをつくる。 (　　)

② プレスした部分をつなぎ合わせて，車体に仕上げる。 (　　)

③ 車体をきれいに洗《あら》い，色のぬりつけを行う。 (　　)

④ 車体にエンジンやタイヤ，シートなどを取りつけて組み立てる。 (　　)

(2) あやいの写真の作業では，機械が自動的に行っています。この機械を何といいますか。 (　　　　　)

(3) 組み立てられた自動車は，出荷される前に何が行われますか。 (　　　　　)

(4) (3)が終わって合格した自動車は，国内の遠いはん売店や海外へは，何を使って運ばれますか。 (　　　　　)

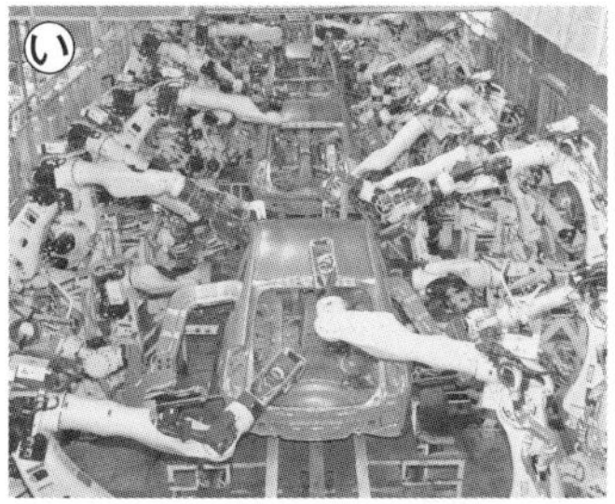

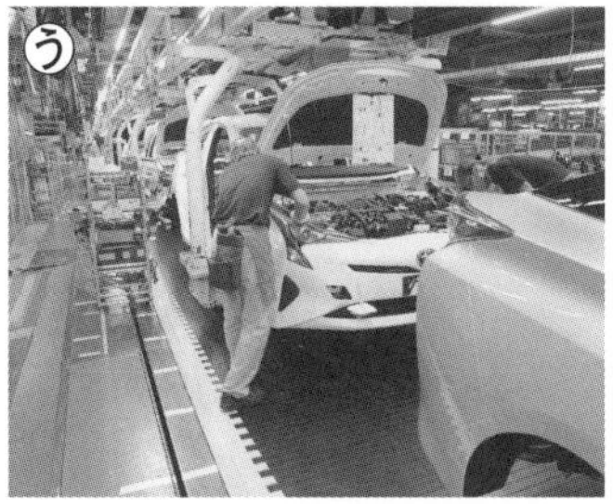

トヨタ自動車（株）

2 右の図について，次の問いに答えましょう。 各6点【24点】

(1) 自動車１台には，約何個《こ》の部品が使われていますか。次のア～エから１つ選び，記号で答えましょう。 (　　)

ア 約300個　　イ 約3000個

ウ 約３万個　　エ 約30万個

(2) Ⓐが部品を直接《ちょくせつ》注文する工場はどこですか。記号で答えましょう。 (　　)

(3) 図のⒷ～Ⓓのように，自動車の部品をつくる工場を何といいますか。 (　　　　　)

(4) Ⓓが細かな部品をとどけるのはどこですか。記号で答えましょう。 (　　)

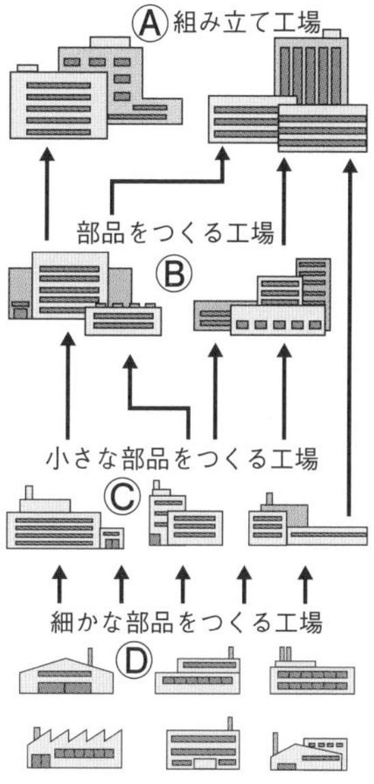

▲自動車の部品の流れ

3 次の文のうち，人にやさしい車の例には○を，環境《かんきょう》にやさしい車の例には△をつけましょう。 各5点【20点】

①(　　) 電気で動くモーターとガソリンで動くエンジンを組み合わせた，ハイブリッド車が開発された。

②(　　) 足に障《しょう》がいのある人でも乗りやすい，手だけで運転できる装《そう》置《ち》を取りつけた車がつくられている。

③(　　) 車内に，シートベルトやエアバッグがついている。

④(　　) 自動車の再利用を進める法律が定められ，使い終わった自動車の95%以上が再利用されている。

答え ▶ 126ページ

1 次の図を見て，あとの問いに答えましょう。　各９点【45点】

ア

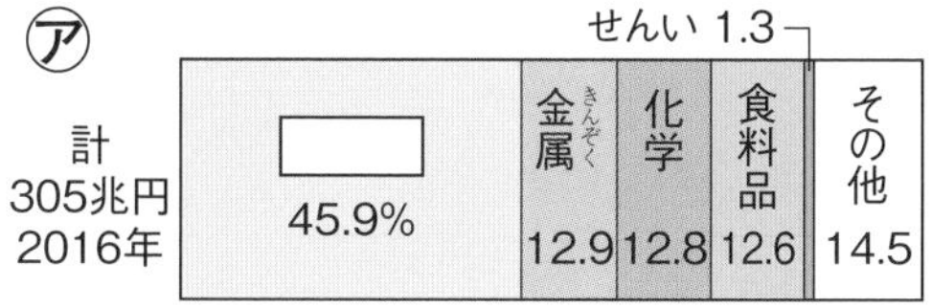

(2019/20年版「日本国勢図会」)

▲日本の工業生産額《がく》のわりあい

イ

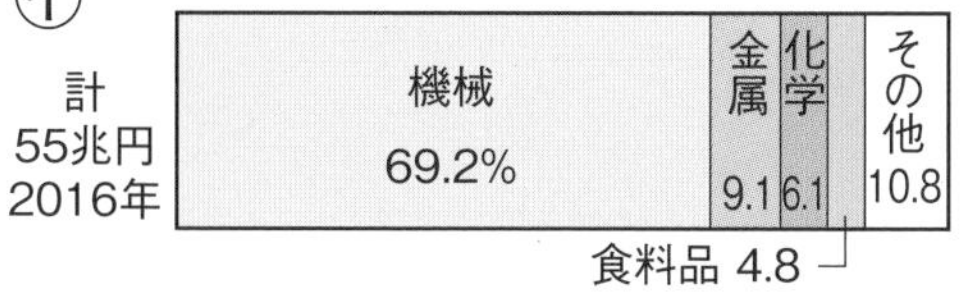

(2019/20年版「日本国勢図会」)

▲ある工業地帯・地域の工業生産額のわりあい

ウ

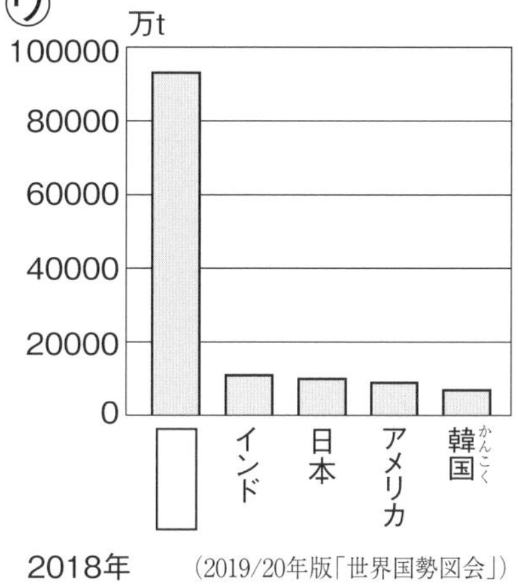

(2019/20年版「世界国勢図会」)

▲おもな国の鉄鋼の生産量

(1) グラフアの□には，自動車やテレビ，パソコンなどをつくる工業が入ります。何工業ですか。　(　　　　工業)

(2) グラフイにあてはまる工業地帯・地域《ちいき》を次のア～エから１つ選び，記号で答えましょう。　(　　)

ア 京浜《けいひん》工業地帯　　イ 中京《ちゅうきょう》工業地帯

ウ 阪神《はんしん》工業地帯　　エ 瀬戸内《せとうち》工業地域

(3) グラフウの□にあてはまる国はどこですか。国名を答えましょう。　(　　　　)

(4) 次の文のうち，グラフからわかることには○を，わからないことには×をつけましょう。

①(　　)日本は，軽工業よりも重化学工業がさかんである。

②(　　)日本はかつて，鉄鋼の生産量が世界一だった。

2 水産業について，次の問いに答えましょう。　【30点】

(1) 次の文が説明している漁業の名を答えましょう。　各５点（10点）

① たまごから成魚になるまでいけすなどで育て，大きくしてから出荷する。　(　　　　業)

② 人工的に魚や貝のたまごをかえして，川や海に放流し，自然の中で育ててからとる。　(　　　　漁業)

(2) 1970年代後半から遠洋漁業の漁かく量が減ってきた理由を，かんたんに書きましょう。　（10点）

(　　　　)

(3) 港に水あげされた魚は，魚市場でせりにかけられます。このとき，何が決められますか。かんたんに書きましょう。　（10点）

(　　　　)

3 日本の食料生産について，次の問いに答えましょう。　【25点】

(1) 国内で消費された食料のうち，どれだけ国内で生産されたかを示《しめ》すわりあいを何といいますか。　（10点）(　　　　)

(2) 食の安全・安心への取り組みにあてはまるものを，次のア～エから１つ選び，記号で答えましょう。　（５点）(　　)

ア 品種改良　　イ 転作　　ウ トレーサビリティ

エ 生産調整

(3) 今，多くの地域で地産地消の取り組みが進められています。どのような取り組みか，かんたんに書きましょう。　（10点）

(　　　　)

答え ▶ 126ページ

運輸《うんゆ》と貿易《ぼうえき》

1 輸送手段《ゆそうしゅだん》について，次の問いに答えましょう。　各7点【35点】

(1) ① 1960 年，② 2017 年の貨物《かもつ》輸送の中心だった輸送手段は，それぞれ何ですか。

①(　　　　　　　)
②(　　　　　　　)

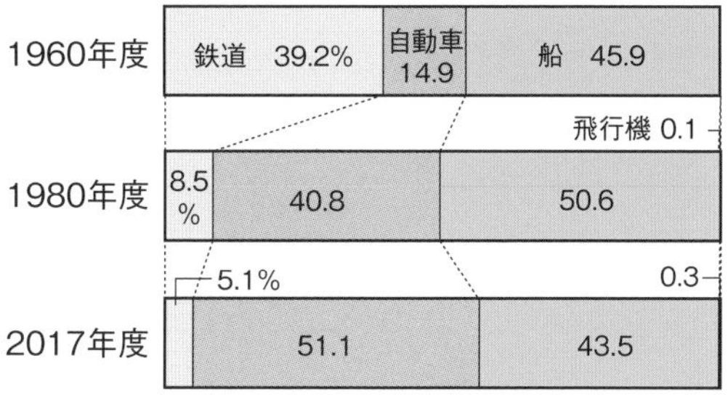

(2019/20年版「日本国勢図会」ほか)

▲貨物輸送のわりあいの変化

(2) (1)②の利用が増《ふ》えたのは，全国に何が整備《せいび》されたからですか。　(　　　　　　　)

(3) 右の①・②の船は，何を運ぶためのものですか。それぞれ答えましょう。

(時事通信フォト)

(悠工房)

①(　　　　　　　)　②(　　　　　　　)

2 日本の貿易《ぼうえき》について，次の問いに答えましょう。　各7点【42点】

(1) 1960 年の，最大の輸出品，輸入品はそれぞれ何ですか。

輸出品(　　　　　　　)　輸入品(　　　　　　　)

(2) 2018 年の，最大の輸出品，輸入品はそれぞれ何ですか。

輸出品(　　　　　　　)　輸入品(　　　　　　　)

(3) 2018 年の最大の輸入品は，主に世界のどの地域で生産されたものですか。　(　　　　　　　)

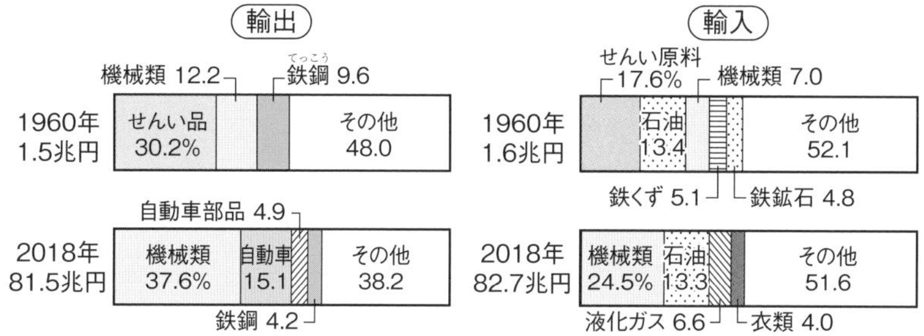

(2019/20年版「日本国勢図会」)

▲輸出入品のわりあいの変化

(4) 原料や工業製品など，外国とのものの輸送に最も多く使われる輸送手段は何ですか。　(　　　　　　　)

3 日本の貿易相手国について，次の問いに答えましょう。　【23点】

(1) 日本の，輸出と輸入の最大の相手国はどこですか。　各5点（10点）

① 輸出
(　　　　　　　)

② 輸入
(　　　　　　　)

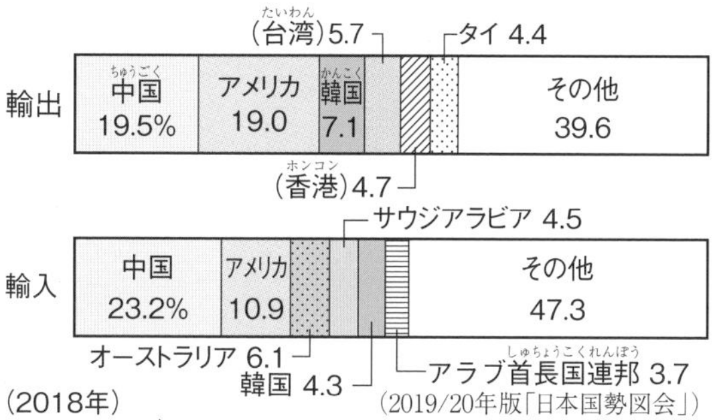

(2019/20年版「日本国勢図会」)

▲日本の貿易《ぼうえき》相手国

(2) 輸入相手国のサウジアラビアからは，主に何を輸入していますか。　（5点）(　　　　　　　)

(3) つり合いのとれた貿易を目指して始められた現地(海外)生産には，どのような利点がありますか。かんたんに書きましょう。
（8点）(　　　　　　　　　　　　　　　　　　　　　　　　　　)

情報《じょうほう》とくらし

目標時間 20分

学習した日　　月　　日

名前

得点

100点満点

答え ▶ 126ページ

1 ニュース番組について，次の問いに答えましょう。【50点】

(1) テレビなどのように，一度に多くの人に情報《じょうほう》を送る方法を何といいますか。(10点) (　　　　　)

(2) 次の仕事の場面を下の(あ)～(お)から選び，記号で答えましょう。各5点（20点）

① 現場に行って，話を聞いたり映像《えいぞう》をとったりする。(　　)

② 原稿《げんこう》に合わせて映像を編集《へんしゅう》し，音声や文字も入れて放送時間におさまるようにする。(　　)

③ 取材で得た情報をもとにニュース原稿をつくる。(　　)

④ 番組づくりに必要な情報を集め，どのニュースを取材し放送するかを決める。(　　)

▲ニュースができるまで

(3) (あ)の仕事の場面での責任者を何といいますか。(10点)

(　　　　　)

(4) (お)の仕事の場面で，ニュースをわかりやすく正確に伝える人を何といいますか。(10点) (　　　　　)

2 情報の活用について，次の問いに答えましょう。【50点】

(1) コンピューターなどの情報通信機器を活用して，大量の情報を管理《かんり》・処理《しょり》したり通信を行ったりするしくみを何といいますか。(10点) (　　　　　)

(2) 友人や同じしゅみを持つ人々が交流を深めることを助ける，インターネット上のサービスを何といいますか。アルファベット3文字で答えましょう。(10点) (　　　　　)

(3) (1)をいかして行われていることとして，正しいものには○を，まちがっているものには×をつけましょう。各5点（20点）

① バスの現在位置やおくれなどの情報が手に入る。(　　)

② お店が近くにない地域《ちいき》に，移動《いどう》はん売車を出す。(　　)

③ 医療《いりょう》機関の間で，かん者の検査《けんさ》結果やレントゲンの画像など医療情報を早く正確にやり取りできる。(　　)

④ コンビニエンスストアで，市町村の住民票の写しや印鑑登《いんかんとう》録証明書《ろくしょうめいしょ》などを受け取ることができる。(　　)

(4) 情報を活用するときの注意点として，まちがっているものを次のア～エから1つ選び，記号で答えましょう。(10点) (　　)

ア 正確な情報を発信する。

イ 個人情報を発信するときは，それを誰が見るのか考え，必要のないことは書きこまない。

ウ 発信された情報はみな正しいので，その情報を信じて活用する能力や技能を身につけることが必要である。

エ ほかの人がつくったものは，勝手に使用しない。

生活と環境《かんきょう》

目標時間 20 分

学習した日　月　日

名前

得点

100点 満点

答え ▶ 126ページ

1 自然災害《さいがい》について，次の問いに答えましょう。【25点】

(1) 大地にずれが生じて起こる自然災害を何といいますか。

(5点)(　　　　　　　　)

(2) (1)の災害が発生し，強いゆれが予想されるとき，気象庁《きしょうちょう》が発信する情報を何といいますか。(5点)(　　　　　　　　)

(3) (1)の災害の後，津波《つなみ》が起こることがあります。この津波はどのようなことが原因で起こりますか。かんたんに書きましょう。(10点)

(　　　　　　　　)

(4) 自然災害の被害《ひがい》が予想される地域《ちいき》や，ひなん場所やひなん経《けい》路《ろ》などを示《しめ》した地図を何といいますか。(5点)(　　　　　　　　)

2 日本の森林について，次の問いに答えましょう。各5点【30点】

(1) 日本の森林の面積は，国土面積のどれほどをしめていますか。

(およそ　　　　　　)

(2) 日本の森林は，天然《てんねん》林，人工林のどちらが多いですか。

(　　　　　　　　)

(3) 人工林の手入れで，太陽の光が地面までよくとどくように，一部の木を切って木と木の間をあける作業を何といいますか。

(　　　　　　　　)

(4) 次の文の(　)に，あてはまることばを書きましょう。

森林は，(①　　　　)を生産し，(②　　　　)をたくわえたり，土砂《どしゃ》くずれを防《ふせ》ぐ働きがあります。また，二酸化炭素《にさんかたんそ》を取りこんで(③　　　　)をきれいにする働きもあります。

3 環境《かんきょう》とくらしについて，次の問いに答えましょう。各5点【45点】

(1) 全国に公害《こうがい》が広まった1970年ごろの，公害の苦情件数《くじょうけんすう》で最も多いものは何ですか。(　　　　　　　　)

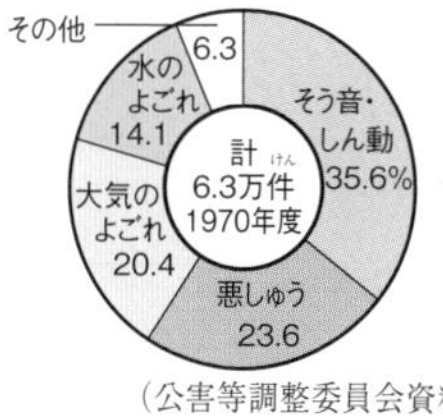

(公害等調整委員会資料)

▲公害の苦情件数《くじょうけんすう》のわりあい

(2) 四大公害病のうち，次の地域《ちいき》で起こった公害病を何といいますか。

① 神通《じんづう》川下流　(　　　　　　　　)

② 四日市《よっかいち》市　(　　　　　　　　)

③ 八代《やつしろ》海沿岸《えんがん》　(　　　　　　　　)

(3) (2)の①・②で起こった公害病の原因は，上のグラフのどれにあたりますか。グラフから選んで，書きましょう。

①(　　　　　　)　②(　　　　　　)

(4) 1950年代の後半から1970年ごろにかけて全国に広まった公害を防ぐために，1967年に国がつくった法律《ほうりつ》を何といいますか。(　　　　　　　　)

(5) 県や市では，よごれた川や海をもとのきれいな川や海にするため，工場の排水《はいすい》を規制《きせい》するとともに，生活排水を減《へ》らすため何を整備《せいび》しましたか。(　　　　　　　　)

(6) 右の写真は，秋田・青森県にまたがる世界自然遺産《いさん》の登録《とうろく》地です。何といいますか。

(　　　　　　　　)

(悠工房)

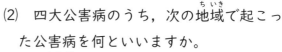

確認《かくにん》テスト③

目標時間 20 分　学習した日　月　日　名前

得点　100点満点

答え ▶ 126ページ

1 日本の運輸《うんゆ》について，次の問いに答えましょう。　各8点【40点】

(1) 現在，貨物輸送で最も多く使われている輸送手段《しゅだん》は何ですか。次のア～エから１つ選び，記号で答えましょう。　(　　)

ア　鉄道　　イ　飛行機　　ウ　自動車　　エ　船

(2) 次の①～④の文で述《の》べられている輸送手段を，(1)のア～エからそれぞれ選び，記号で答えましょう。

①(　　)　②(　　)　③(　　)　④(　　)

① 出発地から目的地まで直接《ちょくせつ》運べて便利だが，交通渋滞《じゅうたい》や大気のよごれを引き起こす。

② 決められた時間に大量のものを運ぶことができる。また，二酸化炭素《にさんかたんそ》の排出量《はいしゅつりょう》が少なく，環境《かんきょう》にやさしい。

③ 一度に大量の荷物を運ぶことができる。時間はかかるが，輸送の費用をおさえることができる。

④ 遠距離《えんきょり》を早く運ぶことができるが，輸送の費用がかかる。

2 情報に関してのべた次のア～オの文から，正しいものを２つ選び，記号で答えましょう。　各9点【18点】(　　)(　　)

ア　個人情報をあつかう会社などに対して，取りあつかいについて守るべきことなどを法律で定めている。

イ　インターネットはそれぞれの国が管理《かんり》しているので，情報を自由に発信することはできない。

ウ　新聞は国の政治や社会全体の問題を伝えることが多いため，地域に密着《みっちゃく》したニュースはテレビにまかされている。

エ　ラジオは情報をすぐに伝えることができないため，ニュースはほとんど放送されない。

オ　地震《じしん》が発生し大きなゆれが予想されるときは，テレビやラジオ，スマートフォンなどを通じて情報が伝えられる。

3 環境とくらしについて，次の問いに答えましょう。　各6点【42点】

(1) 2011年3月11日，東北地方の太平洋沖《おき》で大きな地震が発生し大きな被害《ひがい》が出ました。この災害《さいがい》を何といいますか。

(　　　　)

(2) 右の写真は，(1)の災害のあと各地に建設された防災施設《ぼうさいしせつ》です。この施設は何に備えるためのものですか。

(　　　　)

(時事)

(3) 森林の働きの１つとして，どのような自然災害を防《ふせ》いでいますか。　(　　　　)

(4) 森林には，空気をきれいにする働きがあるといわれます。これは，森林に何を取りこむ働きがあるためですか。

(　　　　)

(5) 四大公害病の１つで，神通《じんづう》川の下流で発生した公害病を何といいますか。　(　　　　)

(6) 日本には，大切に守らなければならない世界自然遺産《いさん》の登録《とうろく》地があります。そのうちの２つを書きましょう。

(　　　　)(　　　　)

理科 1

種子《しゅし》の発芽《はつが》

目標時間 20 分

学習した日　　月　　日

名前

得点

100点満点

答え 127ページ

1 下の図は，インゲンマメの種子が発芽するかどうかを調べる実験です。

各9点【27点】

① インゲンマメの種子が発芽するのは，㋐～㋒のどれですか。
（　　　）

② 種子の発芽に，水が必要であることを調べるには，どれとどれを比《くら》べますか。　（　　　）

③ ㋑と㋒を比べると，種子の発芽に何が必要であるかが調べられますか。　（　　　）

2 右の図のようにして，発芽に温度が関係するかどうかを調べます。

各8点【16点】

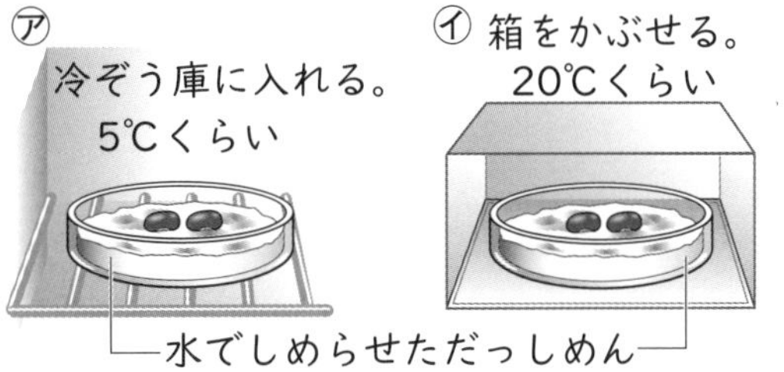

① ㋑で，箱をかぶせるのはなぜですか。次のア～ウから選びましょう。　（　　　）

ア　箱をかぶせると温度が下がるから。

イ　温度以外の条件《じょうけん》を同じにするには暗くする必要があるから。

ウ　冷ぞう庫の中がかんそうしているから。

② 発芽するのは，㋐，㋑のどちらですか。　（　　　）

3 右の図は，インゲンマメの種子を２つにわったものです。

各9点【27点】

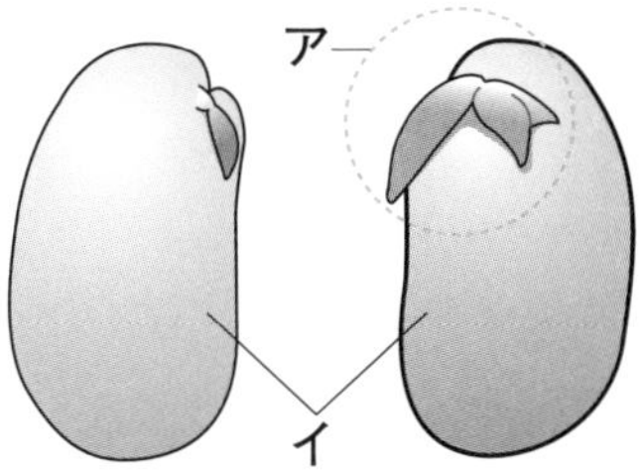

① 発芽して，根・くき・葉になるのは，ア，イのどちらですか。
（　　　）

② 養分がふくまれているのは，ア，イのどちらですか。　（　　　）

③ インゲンマメの種子にふくまれている養分は，おもに何ですか。　（　　　）

4 右の図のアは，発芽する前のインゲンマメの種子を２つに切ったもの，イは発芽してしばらくたったインゲンマメの子葉を２つに切ったものです。ア，イの切り口に，ヨウ素液《そえき》をつけて色の変化を調べました。

各10点【30点】

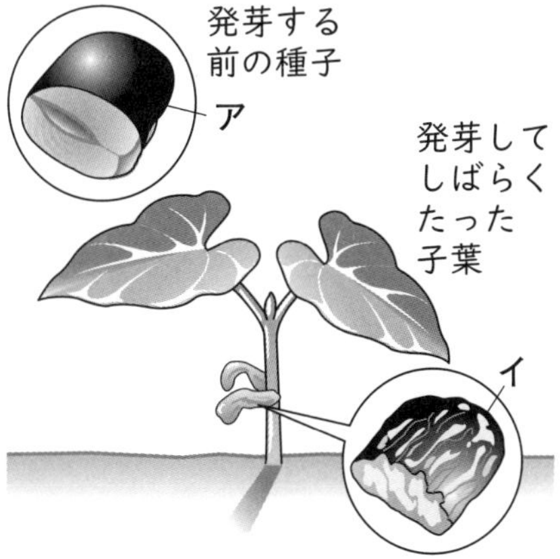

① ヨウ素液は，何を調べる薬品ですか。
（　　　　）があるかどうかを調べる薬品

② ヨウ素液の色の変化がはっきり起こるのは，ア，イのどちらですか。　（　　　）

③ 種子にふくまれていたものは，何に使われましたか。
（　　　）

答え 127ページ

植物の成長と肥料《ひりょう》・日光

1 右の図のようにして，植物の成長と肥料の関係を調べる実験をします。 各10点【30点】

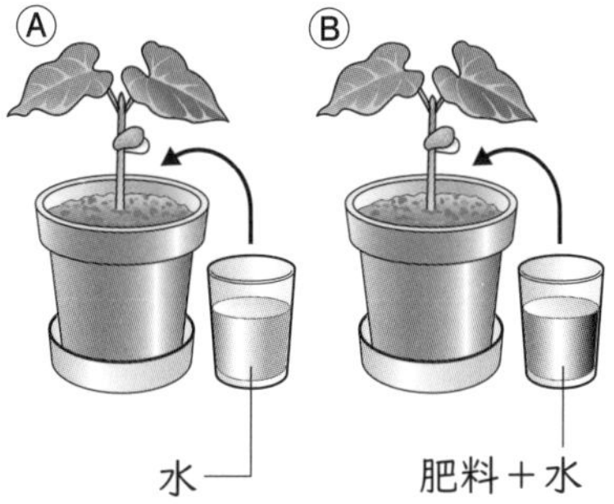

① はちの土には，次のどちらを使いますか。 (　　　　)

ア 花だんの土

イ バーミキュライト

② 2つのはちを日なたに置いておきました。2週間後，よく育っているのはⒶ，Ⓑのどちらですか。 (　　　　)

③ この実験からわかることは，次のア～ウのどれですか。 (　　　　)

ア インゲンマメがよく成長するには，肥料が必要である。

イ インゲンマメがよく成長するには，肥料は必要ない。

ウ インゲンマメがよく成長するには，水だけが必要である。

2 植物を育てるときに，日光をよく当てて育てた植物と，日光を当てないで育てた植物とでは，育ち方がちがってきます。日光をよく当てて育てた植物のようすは，次のア～エのどれですか。あてはまるものをすべて選びましょう。【10点】(　　　　　　　　)

ア 葉の緑色がこく，葉の数が多い。

イ 葉が黄色っぽくて，小さい。

ウ くきがしっかりしていて，じょうぶである。

エ くきが高くのびているが，細く弱々しい。

3 次の図のようにしたインゲンマメを日なたに置いて育て，植物の成長の条件《じょうけん》を調べる実験をしました。 各10点【30点】

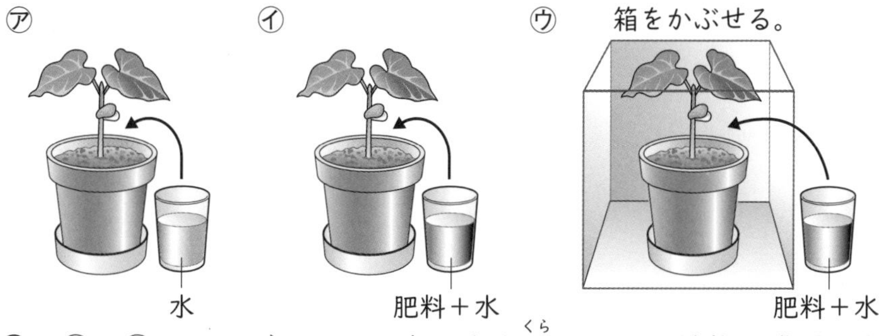

① ㋐と㋑のインゲンマメの育ち方を比《くら》べると，植物の成長と何の関係がわかりますか。 (　　　　　　)

② ㋑と㋒のインゲンマメの育ち方を比べると，植物の成長と何の関係がわかりますか。 (　　　　　　)

③ 最もよく育っているのは，㋐～㋒のどれですか。(　　　　)

4 池の水などにういているウキクサを使って，成長に肥料が必要かどうかを調べました。 各15点【30点】

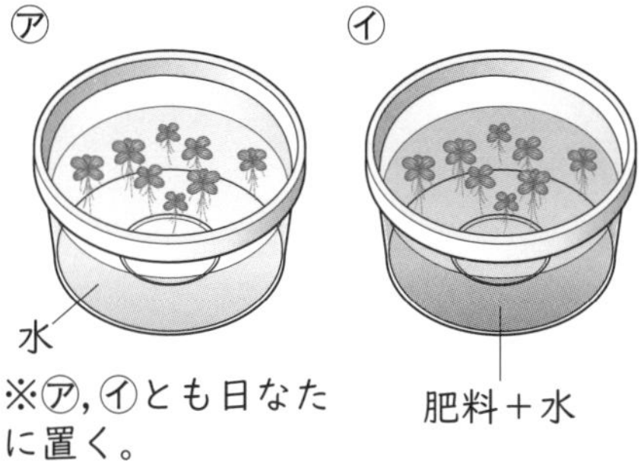

① 10日後，㋐，㋑のどちらのウキクサがより多くふえていましたか。 (　　　　)

② ①のわけを，かん単に書きましょう。

(　　　　　　　　　　　　　　　　　　　　)

天気の変化

目標時間 20 分

学習した日　月　日

名前

得点

100点 満点

答え 127ページ

1 次の（　　）にあてはまることばを書きましょう。　各5点【20点】

① 晴れやくもりの天気は，空全体を10としたときのおよその（　　　　　）で決める。

② 空全体を10としたとき，雲の量が9～10の天気を（　　　　　），雲の量が0～8のときの天気を（　　　　　）とする。

③ 人工衛星《じんこうえいせい》からの気象情報《きしょうじょうほう》をもとに，雲のようすや動きがわかる（　　　　　）がつくられる。

2 雲の名前と特ちょうを調べました。それぞれの雲の名前を，下の□から選びましょう。　各5点【20点】

① 空の低いところにできる，黒く厚《あつ》い雲。雨雲ともいわれ，雨をふらせます。（　　　　　）

② よく晴れた日の高い空にできる，はけでかいたような白くて細い雲。すじ雲ともよばれます。（　　　　　）

③ 夏によく見られる雲で，かみなりが鳴り，短い時間に多くの雨をふらせます。入道雲ともよばれます。（　　　　　）

④ 低い空に見られる白い雲で，わた雲ともよばれています。（　　　　　）

積雲	けん雲
積らん雲	らんそう雲

3 下のⒶ～Ⓒの雲《くも》画《が》像《ぞう》は，ある3日間の雲のようすを，人工衛星から写したものです。　各10点【30点】

Ⓐ
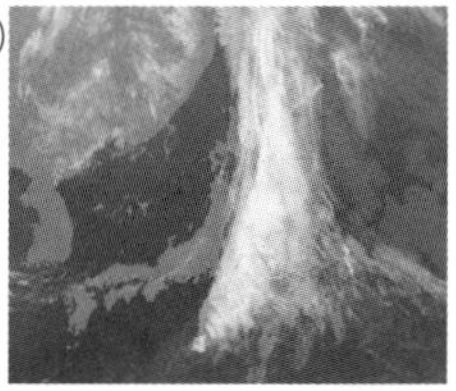

Ⓑ
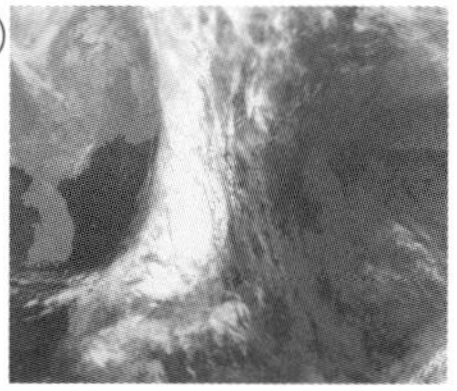

Ⓒ
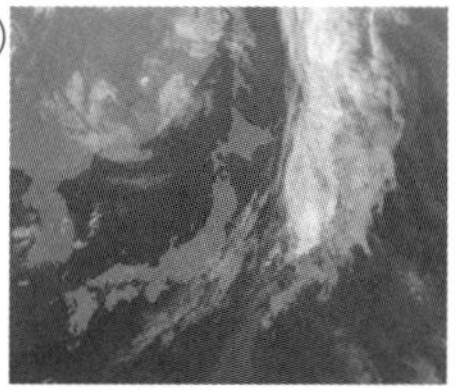

① Ⓐ～Ⓒを，観測日《かんそくび》の早いものから順にならべましょう。（　　→　　→　　）

② Ⓐ～Ⓒのうち，北海道が晴れていると考えられる雲画像は，どれですか。（　　）

③ 日本付近の天気は，どのように変わると考えられますか。次のア～ウから選びましょう。（　　）

ア　北から南へ変わる。　イ　東から西へ変わる。

ウ　西から東へ変わる。

4 空や生き物のようすが次のようなとき，天気はこれからどのように変わりますか。あてはまることばを○でかこみましょう。　各10点【30点】

① 西の空に夕焼けが見えた。

→あしたの天気は〔　晴れる　　雨になる　〕。

② 朝，西の空ににじが見えた。

→これからの天気は〔　よくなる　　悪くなる　〕。

③ ツバメが低いところを飛んでいた。

→これからの天気は〔　晴れる　　雨になる　〕。

※74ページの画像提供：気象庁

理科 4

台風と天気

目標時間 20 分

学習した日　　月　　日

名前

得点

100点満点

答え 127ページ

1 下の写真は，気象衛星《きしょうえいせい》から送られてきた，ある２日間の日本付近の雲《くも》画《が》像《ぞう》です。

各12点【48点】

Ⓐ

Ⓑ

① うずまきのように見える雲は，何ですか。
（　　　　　）

② 観測日《かんそくび》が早いのはⒶ，Ⓑのどちらですか。（　　　）

③ ①が日本付近を通過《つうか》することが多いのは，何月ごろですか。次のア～ウから選びましょう。（　　　）

ア １月～２月ごろ

イ ４月～５月ごろ

ウ ８月～９月ごろ

④ うずまきのように見える雲が通り過《す》ぎたあと，天気はどのように変わりますか。次のア～ウから選びましょう。
（　　　）

ア 雨や風がはげしくなる。

イ よく晴れた，おだやかな日になる。

ウ 強い北風がふくようになる。

2 右の図は，ある台風の進路を表しています。

各13点【52点】

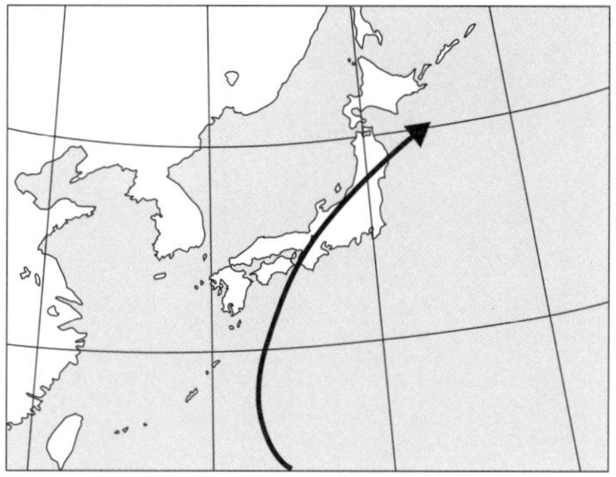

① 台風の進路について，正しく説明しているのは，次のア～ウのどれですか。（　　　）

ア 台風は，日本の南のほうで発生し，はじめは東のほうへ進むが，やがて西や北へ動くことが多い。

イ 台風は，日本の南のほうで発生し，はじめは西のほうへ進むが，やがて東や北へ動くことが多い。

ウ 台風は，日本の東のほうで発生し，まっすぐ日本のほうへ進んで西のほうへぬけていく。

② 台風が上陸すると，どのような天気になりますか。かん単に書きましょう。
（　　　　　　　　　　）

③ 台風によって，さまざまな災害《さいがい》が起こることがあります。どのようなことがありますか。書きましょう。
（　　　　　　　　　　）

④ 台風は，人びとの生活に役立つこともあります。どのようなことがありますか。書きましょう。
（　　　　　　　　　　）

※75ページの画像提供：気象庁

確認《かくにん》テスト①

目標時間 20 分

学習した日　月　日

名前

得点

100点 満点

答え 127ページ

1 下の図のようにして，インゲンマメの種子《しゅし》が発芽《はつが》するかどうかを調べます。　各 10 点【30 点】

㋐水をあたえない。　㋑いつも土がしめっているようにする。　㋒箱をかぶせる。水をあたえない。　㋓箱をかぶせる。いつも土がしめっているようにする。

① インゲンマメの種子が発芽したのは，㋐～㋓のどれですか。すべて選びましょう。(　　　　　)

② 発芽しなかった種子には，どのような発芽の条件《じょうけん》が足りなかったからですか。　(　　　　　)

③ 種子は，養分をあたえなくても発芽します。このわけをかん単に書きましょう。　(　　　　　)

2 同じように育っているインゲンマメのなえを，下の図のように育てて，成長のようすを比《くら》べました。　各 10 点【30 点】

① 2週間後，育ちが悪かったもの2つを選び，その理由も書きましょう。(　　　理由　　　)

(　　　理由　　　)

② この実験からわかる植物の成長に必要なものは，何ですか。すべて書きましょう。　(　　　　　)

3 右の写真は，人工衛星《えいせい》の気象情報《きしょうじょうほう》からつくられた，日本付近の雲画像《くもがぞう》です。　各 10 点【20 点】

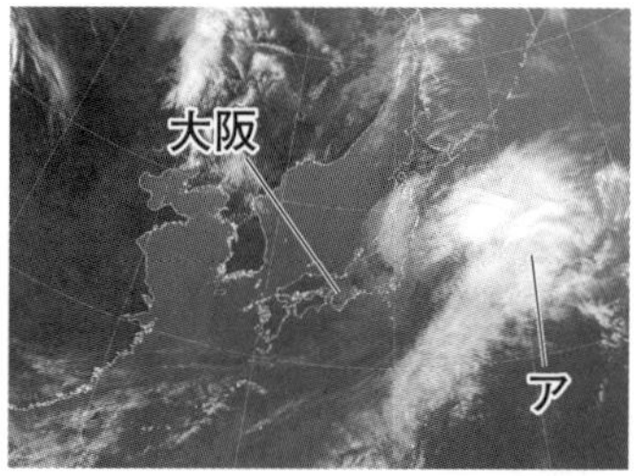

提供：気象庁

① アのような白いかたまりは，何ですか。　(　　　　　)

② 次の日の大阪《おおさか》の天気は，どのようになると予想されますか。

(　　　　　)

4 右の写真は，台風が日本にやってきたときの，気象衛星の雲画像です。　各 5 点【20 点】

提供：気象庁

① 台風が日本に近づくことが多いのはいつごろですか。ア～ウから選びましょう。　(　　　　　)

ア　1～2月

イ　4～5月

ウ　8～9月

② 台風は，南，北のどちらから日本列島に近づいてきますか。

(　　　　　)

③ 台風が近づくと，天気はどのようなようすになりますか。ア～オから2つ選びましょう。　(　　　)(　　　)

ア　おだやかに晴れる。　イ　風が強くなる。

ウ　雪がふる。　エ　雨の量が多くなる。

オ　晴れたり，雨がふったりする。

魚や人のたんじょう

目標時間 20 分

学習した日　月　日

名前

得点

100点 満点

答え　127ページ

1 右の図は，メダカのおすとめすを表しています。　各10点【20点】

Ⓐ

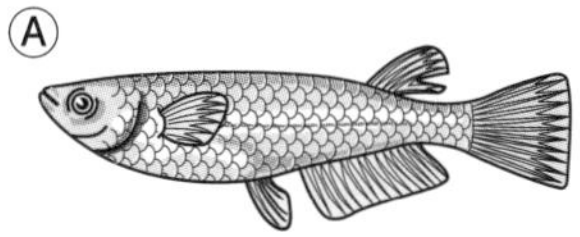

Ⓑ

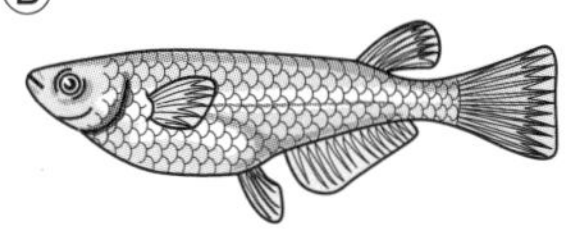

① めすのからだにあてはまるものを，次のア～エからすべて選びましょう。
（　　　　　）

ア　しりびれが平行四辺形に近い形

イ　しりびれが三角形に近い形

ウ　せびれに切れこみがある。　　エ　はらがふくれている。

② おすは，Ⓐ，Ⓑのどちらですか。　（　　　）

2 下の図は，メダカのたまごの育ち方を表しています。　各10点【30点】

Ⓐ　Ⓑ　Ⓒ　Ⓓ

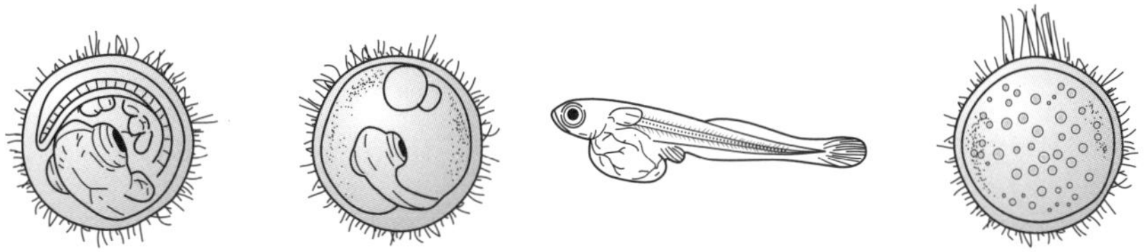

① Ⓐ～Ⓓを，育つ順にならべましょう。
（　　→　　→　　→　　）

② めすが産んだたまご(卵《らん》)とおすが出した精子《せいし》が結びつくことを，何といいますか。次のア～エから選びましょう。（　　　）

ア　受粉《じゅふん》　　イ　発芽　　ウ　受精《じゅせい》　　エ　産卵《さんらん》

③ ②によってできたたまごを，何といいますか。（　　　）

3 人のたんじょうについて，次の問いに答えましょう。　各5点【15点】

① 女性《じょせい》の卵《らん》(卵子《らんし》)と男性の精子《せいし》が結びつくことを，何といいますか。　（　　　　　）

② 次の文の(　)にあてはまることばを，ア～エから１つずつ選びましょう。

人の受精卵《じゅせいらん》は，母親のからだでおよそ(あ)週間育ってから生まれてくる。生まれたときの赤ちゃんの身長はおよそ 50 cm，体重はおよそ(い) g である。

あ（　　　）　い（　　　）

ア　38　　イ　48　　ウ　3000　　エ　5000

4 右の図は，母親のからだの中で成長している子ども(たい児)を表しています。　各7点【35点】

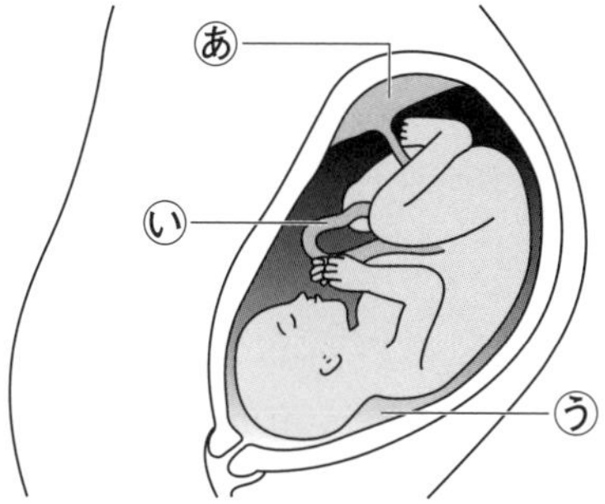

① 子どもは，母親のからだの何というところで育ちますか。
（　　　　　）

② あ，いを，それぞれ何といいますか。また，うには，何が満たされていますか。次のア～エから選びましょう。

あ（　　　）　い（　　　）　う（　　　）

ア　羊水《ようすい》　　イ　へそのお　　ウ　へそ　　エ　たいばん

③ いのはたらきをかん単に書きましょう。
（　　　　　　　　　　　　　　　　　　）

実や種子《しゅし》のでき方

目標時間 20 分

学習した日　月　日

名前

得点

100点 満点

答え 128ページ

1 下の図は，アサガオとヘチマの花のつくりを表しています。

各7点【56点】

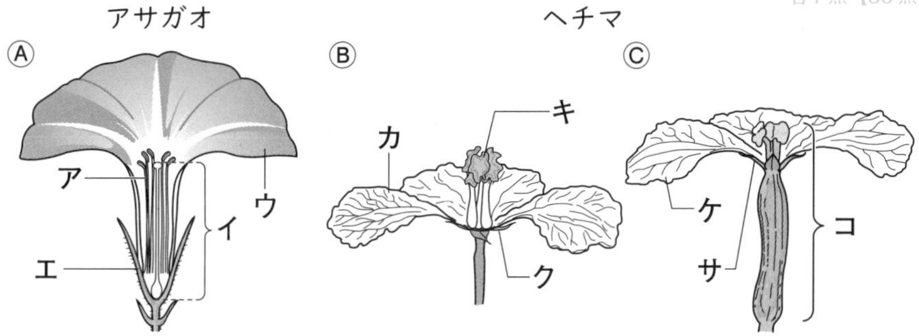

① アサガオのア～エを，それぞれ何といいますか。

ア（　　　　）　イ（　　　　）

ウ（　　　　）　エ（　　　　）

② ヘチマの花は，図のⒷ，Ⓒのように２種類あります。それぞれ何といいますか。

Ⓑ（　　　　）　Ⓒ（　　　　）

③ アサガオのア，イの部分と同じはたらきをするものを，ヘチマのカ～サから１つずつ選びましょう。

ア（　　　）　イ（　　　）

2 右の図は，ステージ（のせ台）を動かしてピントを合わせるけんび鏡を表しています。

各10点【30点】

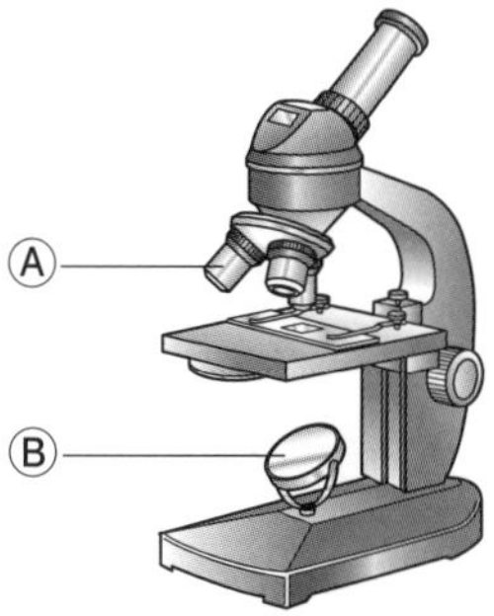

① Ⓐ，Ⓑをそれぞれ何といいますか。

Ⓐ（　　　　）

Ⓑ（　　　　）

② けんび鏡の使い方で，正しいものを次のア～エからすべて選びましょう。（　　　　）

ア　観察するときは，倍率《ばいりつ》の高いレンズから使う。

イ　ピントを合わせるときは，接眼《せつがん》レンズをのぞきながら，対物レンズとプレパラートを遠ざける。

ウ　直接《ちょくせつ》日光が当たる，明るいところで観察する。

エ　接眼レンズをのぞきながら，視野《しや》を明るくする。

3 明日さきそうなツルレイシのめ花２つをⒶ，Ⓑのようにして，花粉《かふん》のはたらきを調べる実験をしました。

各7点【14点】

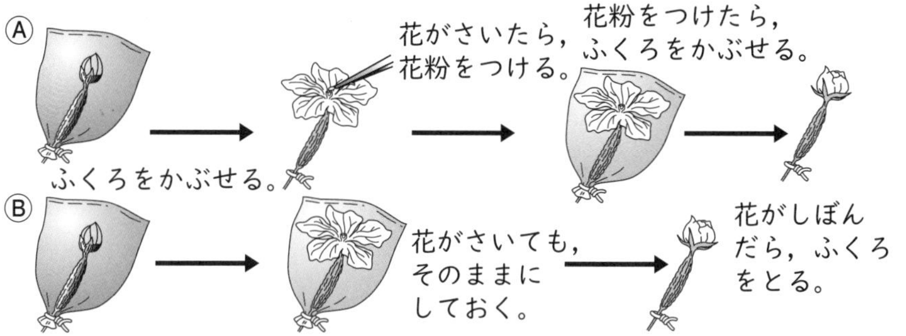

① ふくろをかぶせるのは，なぜですか。

（　　　　　　　　）

② 花がしぼんだあと，Ⓐ，Ⓑはどのようになりますか。次のア～ウから選びましょう。（　　　）

ア　Ⓐ，Ⓑとも，めしべのもとがふくらむ。

イ　Ⓐだけ，めしべのもとがふくらむ。

ウ　Ⓑだけ，めしべのもとがふくらむ。

確認《かくにん》テスト②

目標時間 20 分

学習した日　　月　　日

名前

得点

100点満点

答え 128ページ

1 明日さきそうなアサガオの花２つを使って，花粉《かふん》のはたらきを調べる実験をしました。　各10点【40点】

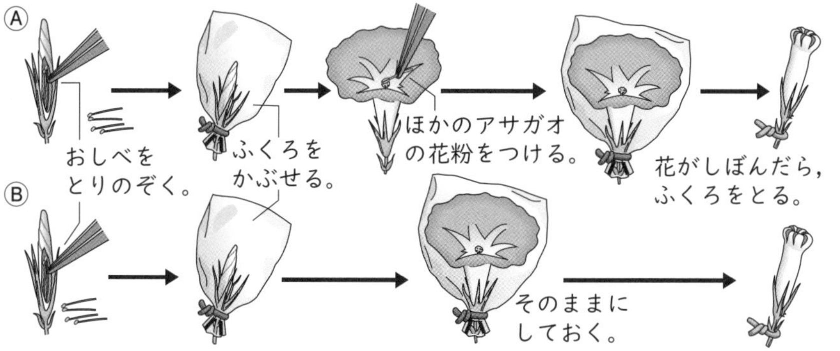
Ⓐ
おしべをとりのぞく。
ふくろをかぶせる。
ほかのアサガオの花粉をつける。
花がしぼんだら，ふくろをとる。
Ⓑ
そのままにしておく。

① はじめに，おしべをとりのぞくのはなぜですか。次のア～ウから選びましょう。　（　　　）

ア　受粉《じゅふん》しやすくするため。

イ　おしべがあると，実ができにくいから。

ウ　受粉させないため。

② つぼみにふくろをかぶせるのは，なぜですか。次のア～エから選びましょう。　（　　　）

ア　花がいたまないようにするため。

イ　ほかの花の花粉が，めしべにつかないようにするため。

ウ　できた実が落ちないようにするため。

エ　花をさかせるため。

③ 実ができたのは，Ⓐ，Ⓑのどちらですか。　（　　　）

④ 実の中には，何ができていますか。

（　　　　　　）

2 メダカのおすとめすを見分けます。　各10点【30点】

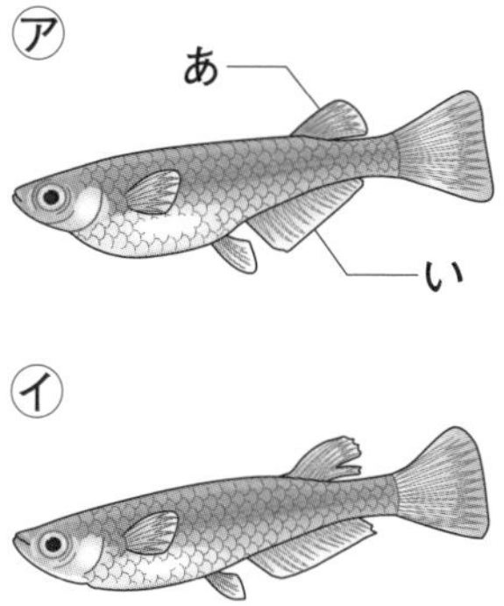
ア
あ
い
イ

① ㋐のあ，いのひれをそれぞれ何といいますか。

あ（　　　　　　）

い（　　　　　　）

② めすは，㋐，㋑のどちらですか。　（　　　　）

3 人のたんじょうと，母親のからだの中の子ども（たい児）のようすについて調べます。　各5点【30点】

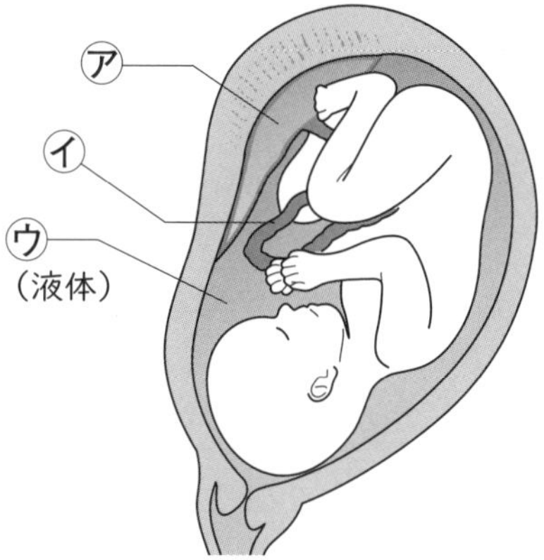
ア
イ
ウ
（液体）

① 女性《じょせい》の卵《らん》（卵子《らんし》）と男性の精子《せいし》が結びつくことを何といいますか。

（　　　　　　）

② 人の子どもは，母親のからだの何というところで育ちますか。

（　　　　　　）

③ 右の図の㋐～㋒を，それぞれ何といいますか。

㋐（　　　　）㋑（　　　　）㋒（　　　　）

④ 子どもは，②で答えたところで約何週間育ってから生まれますか。次のア～ウから選びましょう。　（　　　）

ア　約28週間　　イ　約38週間　　ウ　約48週間

理科 9

流れる水のはたらき

目標時間 20 分　学習した日　月　日　名前

得点　100点満点

答え ▶ 128ページ

1 右の図のように，土で山をつくり，みぞをつけて水を流しました。　各7点【35点】

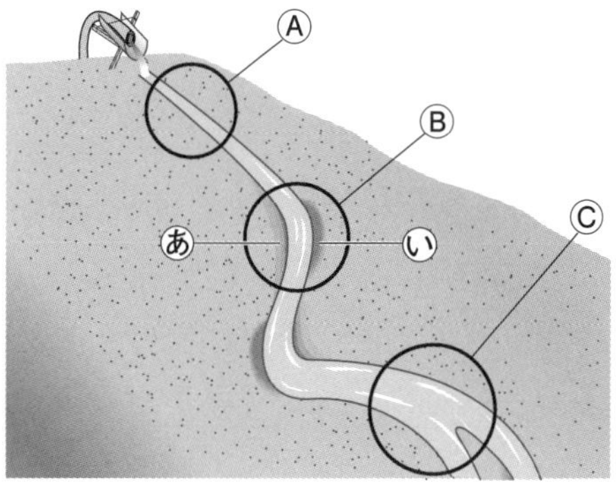

① Ⓐはまっすぐ流れているところです。水の量をふやすと，土のけずられ方はどのようになりますか。

（　　　　　　　　）

② Ⓑは曲がって流れているところです。あ，いにあてはまることを，次のア～エからそれぞれ２つずつ選びましょう。

あ（　　　　　　）　い（　　　　　　）

ア　流れが速い。　　　イ　流れがおそい。

ウ　土が積もる。　　　エ　土がけずられる。

③ Ⓒは流れがゆるやかなところです。次のア～ウのうち，Ⓒで最も大きい水のはたらきはどれですか。　（　　　）

ア　しん食《しょく》　　イ　たい積《せき》　　ウ　運《うん》ぱん

④ Ⓒを流れている水を集めたところ，右の図のようににごっていました。このことから，どのようなことがわかりますか。次のア～ウから選びましょう。　（　　　）

ア　水はいつもにごっている。

イ　水は土やすなを運ぶ。

ウ　水は土やすなをとかす。

2 右の図は，川の※上流・中流・下流のようすを表しています。　各8点，⑥は9点【65点】

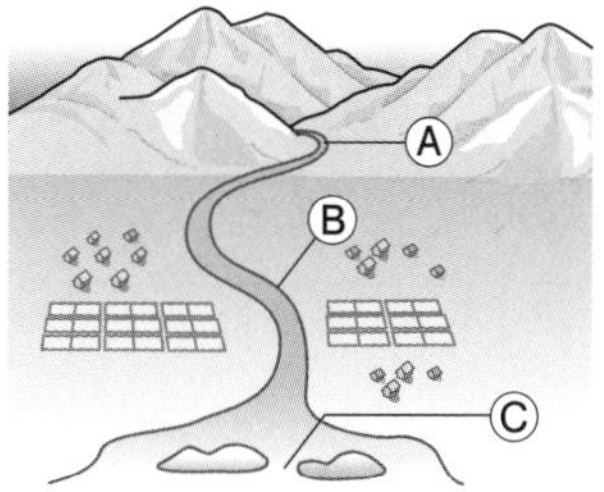

① Ⓐ～Ⓒのうち，水のけずるはたらきにより深い谷ができやすいのはどこですか。　（　　　）

② Ⓐ～Ⓒのうち，水の積もらせるはたらきが最も大きいのはどこですか。　（　　　）

③ 次の石は，Ⓐ～Ⓒのどこで見られますか。

あ

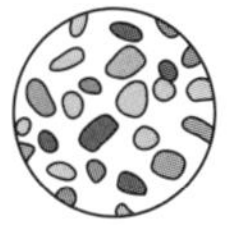

（　　　）

い

（　　　）

う

（　　　）

④ ③のように，川の上流・中流・下流で，石の形や大きさが変わるのはなぜですか。かん単に書きましょう。

（　　　　　　　　）

⑤ 水のはたらきによる災害《さいがい》を防《ふせ》ぐために，川に右の写真のような工夫《くふう》がされていることがあります。これを何といいますか。次のア～ウから選びましょう。（　　　）

ア　ていぼう　　イ　さぼうダム

ウ　遊水地（池）

⑥ 川の上流には森林が広がっています。しばらく雨がふらなくても，川の水がなくならないのはなぜですか。

（　　　　　　　　）

※上流は山の中の川の流れ，中流は平地の川の流れ，下流は海の近くの川の流れを表しています。

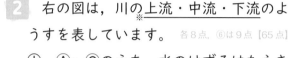

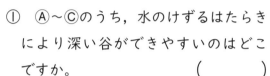

水《すい》よう液《えき》ととけるものの量

目標時間 20分

学習した日　月　日

名前

得点

100点満点

答え 128ページ

1 食塩とコーヒーシュガーを別べつのビーカーの水に入れて，とかします。 各9点【27点】

① 水にとけたようすを正しく表しているのは，それぞれア～ウのどれですか。

食塩（　　　　）　コーヒーシュガー（　　　　）

ア　ビーカーの底に色のついた液がたまった。

イ　全体がとうめいで色のついていない液になった。

ウ　全体が色のついたとうめいな液になった。

② ものが水にとけた液のことを何といいますか。

（　　　　）

2 食塩が水にとけたときの液の重さについて調べました。 各9点【27点】

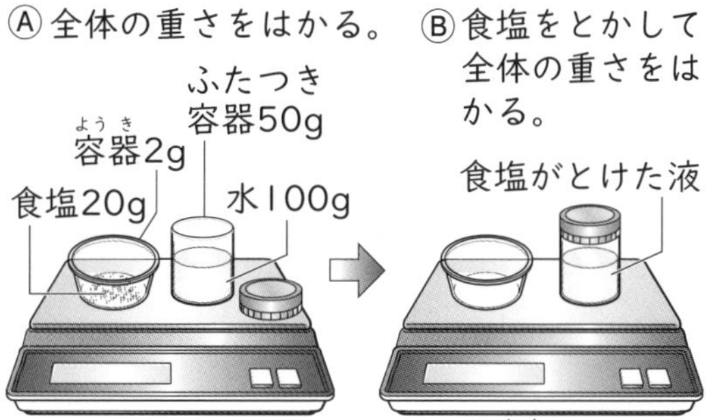

① 食塩が水にとけた液を何といいますか。

（　　　　）

② 食塩をとかす前(Ⓐ)，電子てんびんは172gを示《しめ》していました。食塩をとかしたあと(Ⓑ)，電子てんびんは何gを示しますか。（　　　　）

③ Ⓑの食塩がとけた液は，何gですか。（　　　　）

3 メスシリンダーで水を50mLはかりとります。 各8点【16点】

① ちょうど50mLになった水面は，下の図1のア～ウのどれですか。（　　　　）

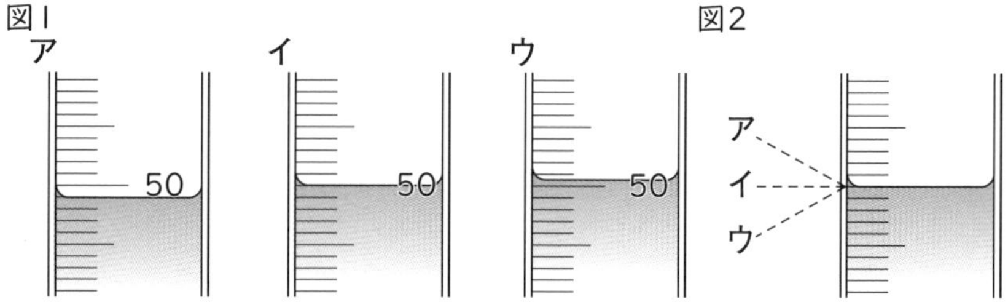

② 上の図2で，めもりを読むときの正しい目の位置は，ア～ウのどれですか。（　　　　）

4 50gの水に食塩10gを入れて，とかしました。 各10点【30点】

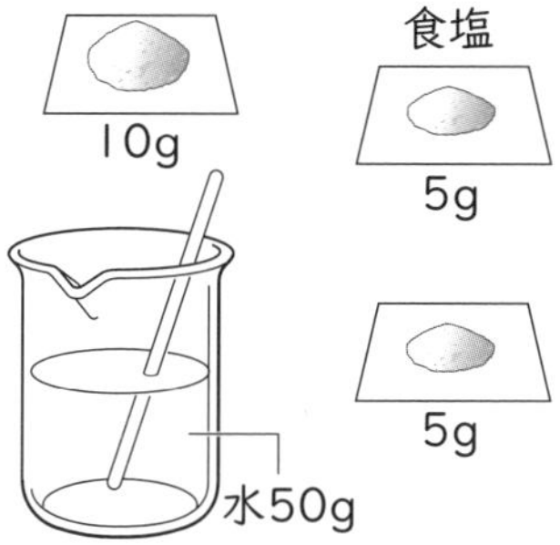

① 食塩水の重さは，何gになりましたか。（　　　　）

② このあと食塩を5gずつ，2回に分けて入れ，よくまぜたところ，2回目でとけ残りができました。このことからわかる50gの水にとける食塩の量は，次のア～ウのどれですか。（　　　　）

ア　10gと15gの間　　イ　10gと20gの間

ウ　15gと20gの間

③ ②に，水を50g加えると，②でとけ残っていた食塩はどのようになりますか。（　　　　）

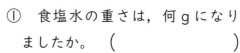

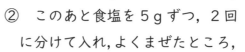

理科 11 とけているもののとり出し方

目標時間 20分

学習した日　月　日

名前

得点

100点満点

答え 128ページ

1 右の図のように，温度のちがう同じ量の水を入れたビーカーに，同じ量のミョウバンを入れて，よくかきまぜました。　各8点【24点】

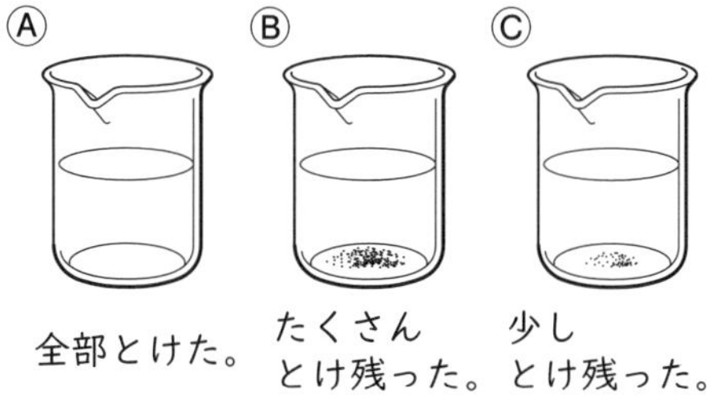

① Ⓐ～Ⓒで，水の温度が最も高いのはどれですか。(　　　)

② この実験でわかることは，次のア～ウのどれですか。

(　　　)

ア　ミョウバンのとける量は，水の量に関係する。

イ　ミョウバンのとける量は，ミョウバンの量に関係する。

ウ　ミョウバンのとける量は，水の温度に関係する。

③ ビーカーの底にとけ残ったミョウバンをとかすには，どのような方法がありますか。２つ書きましょう。

(　　　　　　，　　　　　　)

2 次のア～エの文で，食塩だけにあてはまるものには○，ミョウバンだけにあてはまるものには△，両方にあてはまるものには□，どちらにもあてはまらないものには×をつけましょう。　各9点【36点】

ア (　　) 水の温度を上げると，とける量が大きくふえる。

イ (　　) 水の温度を上げても，とける量はあまりふえない。

ウ (　　) ルーペでつぶを見ると，決まった形をしている。

エ (　　) 水《すい》よう液《えき》から水をじょう発させても，とけていたものは出てこない。

3 温度の高い水にミョウバンをとけるだけとかし，しばらく静かに置いておきました。　各8点【40点】

① 液の温度が下がってくると，ビーカーの底に白いつぶが出てきました。そのわけを，次のア～ウから選びましょう。

(　　　)

ア　水がじょう発したから。

イ　とけたあと，つぶにもどる性質《せいしつ》があるから。

ウ　液の温度が下がって，とけきれなくなったから。

② 出てきた白いつぶを，ろ過《か》してとり出そうと思います。右の図のろ過のしかたで，まちがっていることが２つあります。正しいしかたを書きましょう。

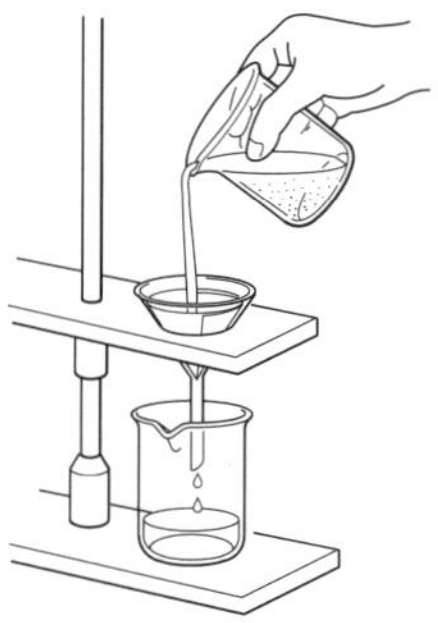

(　　　　　　　　　　)

(　　　　　　　　　　)

③ ろ過でとり出した白いつぶは何ですか。

(　　　)

④ 食塩も同じように，温度の高い水にとけるだけとかし，しばらく静かに置いておきましたが，白いつぶは出てきませんでした。食塩の水よう液からつぶをとり出すには，どのようにしたらよいですか。

(　　　　　　　　　　)

理科 12

実験器具の使い方

目標時間 20 分

学習した日　　月　　日

名前

得点

100点満点

答え ▶ 129ページ

1 解《かい》ぼうけんび鏡の使い方について，次の問いに答えましょう。

各10点【20点】

① 解ぼうけんび鏡を使うときには，どのようなところに置きますか。ア～ウから１つ選びましょう。（　　　）

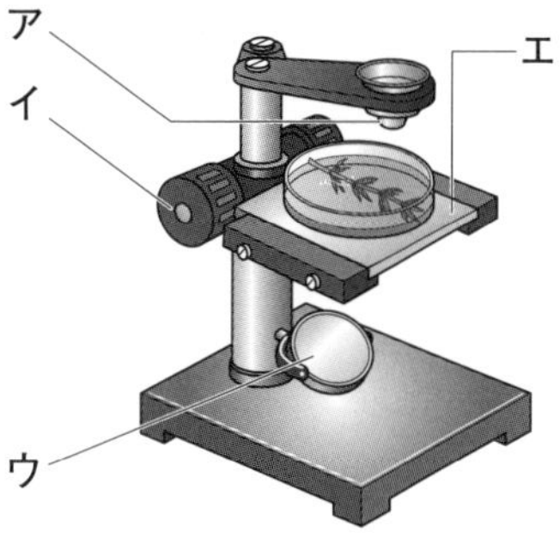

ア　日光が直接《ちょくせつ》当たる明るいところ

イ　日光が直接当たらない暗いところ

ウ　日光が直接当たらない明るいところ

② 明るく見えるようにするときは，図のア～エのどこを動かしますか。（　　　）

2 けんび鏡の使い方を，正しい順にならべましょう。【30点】

（　　→　　→　　→　　）

ア　プレパラートをステージ(のせ台)の上に置き，クリップでとめる。

イ　横から見ながら，対物レンズとプレパラートをできるだけ近づける。

ウ　反しゃ鏡を動かして，視野《しや》が明るくなるようにする。

エ　調節ねじを回して，対物レンズとプレパラートを遠ざけていき，ピントを合わせる。

3 けんび鏡の使い方について，次の問いに答えましょう。

各10点【30点】

① けんび鏡で観察するとき，最初は低倍率と高倍率のどちらで観察しますか。（　　　）

② 接眼レンズの倍率が10倍，対物レンズの倍率が15倍のとき，けんび鏡の倍率は何倍ですか。（　　　）

③ けんび鏡で見えているものを図１のように左下へ動かしたいとき，プレパラートはどの方向に動かせばよいですか。図２のア～エから１つ選びましょう。（　　　）

図1

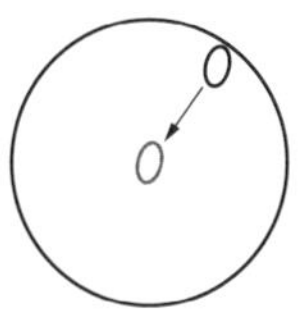

（手前）

図2

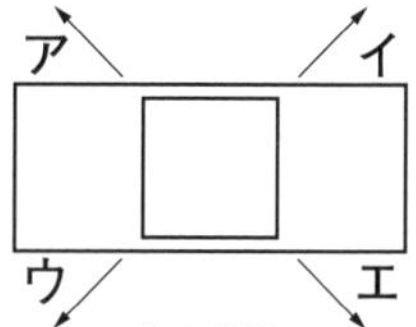

（手前）

4 ろ過《か》のしかたで，それぞれ正しいほうに○をつけましょう。

各10点【20点】

① 液《えき》の注ぎ方

ア（　　）　イ（　　）

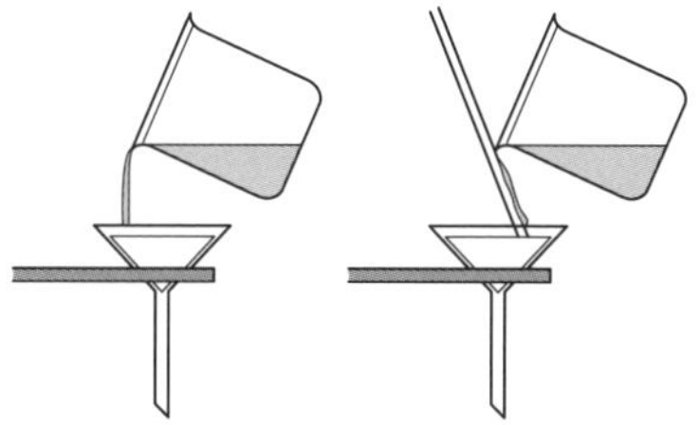

② ろうとの先の位置

ア（　　）　イ（　　）

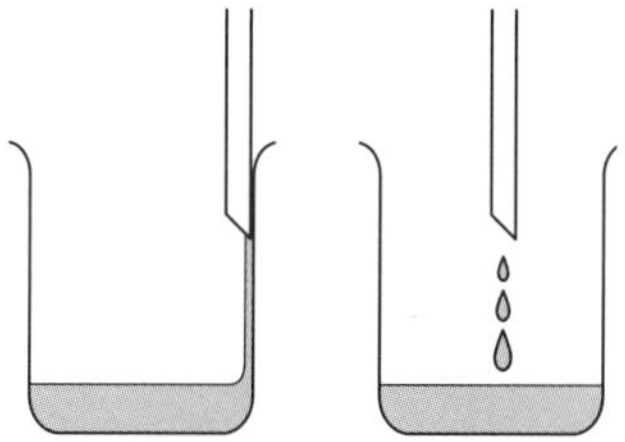

確認《かくにん》テスト③

1 右の図は，川が曲がって流れているところです。 各10点【30点】

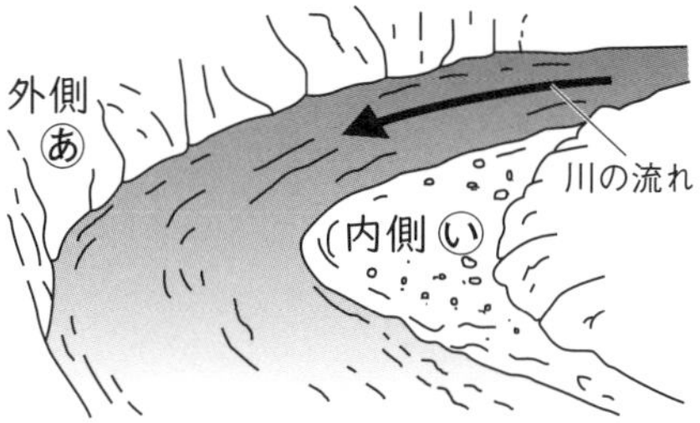

① 川の流れが速いのは，外側あ，内側いのどちらですか。 (　　　)

② 内側いは，どのようになっていますか。次のア～ウから選びましょう。 (　　　)

ア けずるはたらきが大きく，がけができている。

イ 運ぶはたらきが大きく，川底が深くなっている。

ウ 積もらせるはたらきが大きく，川原《かわら》ができている。

③ 大雨のために，川の水の量が多くなりました。流れる水のはたらきのうち，さかんになるのは次のア～ウのどれですか。すべて選びましょう。 (　　　)

ア しん食のはたらき　　イ 運ぱんのはたらき

ウ たい積のはたらき

2 ある川の上流と下流のようすを観察しました。次のア～エは，それぞれどちらのようすを表していますか。 各10点【20点】

上流 (　　　)　下流 (　　　)

ア 流れがゆるやかで，川はばが広い。

イ 流れが速く，川はばがせまい。

ウ 石が角ばっていて，大きい。

エ 石が丸くて，小さい。

3 50 g の水に 15 g のさとうを入れて，さとうの水《すい》よう液《えき》をつくりました。 各10点【30点】

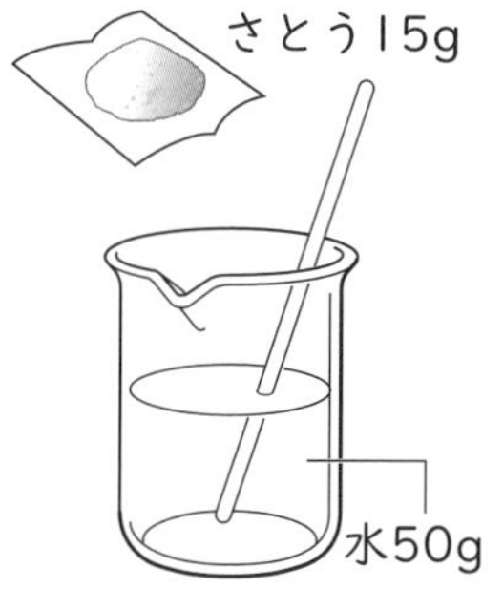

① この水よう液のようすとして，正しいものはア～ウのどれですか。(　　　)

ア 液全体がにごっている。

イ ビーカーの底にもやもやしたものが見える。

ウ 液全体がとうめいである。

② この水よう液を，数時間静かに置いておくと，こさはどのようになりますか。 (　　　)

ア 上のほうがこくなる。　イ 下のほうがこくなる。

ウ こさはどこも同じである。

③ このさとうの水よう液の重さは，何 g ですか。(　　　)

4 右の表は，温度のちがう水 50 mL にとけるミョウバンの量を表しています。 各10点【20点】

水の温度	とける量
10℃	3.8 g
30℃	8.3 g
60℃	28.7 g

① 30℃の水 50 mL に，ミョウバンをとけるだけとかしたあと，温度を 60℃にしました。あと何 g のミョウバンをとかすことができますか。(　　　)

② ①で 60℃にした水よう液にミョウバンをとけるだけとかしたあと，温度を 10℃にしました。何 g のミョウバンが出てきますか。 (　　　)

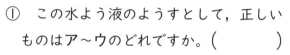

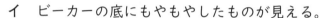

答え ▶ 129ページ

電磁石《でんじしゃく》の性質《せいしつ》

1 右の図1のように，太いストローに導線《どうせん》（エナメル線）を同じ向きに何回もまいたものに，電流を流すとどのようになるか調べました。　各10点【20点】

図1

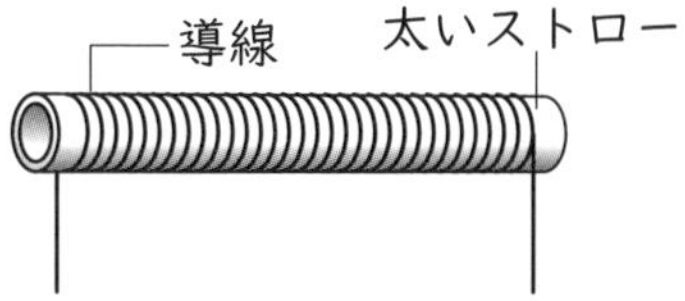

図2

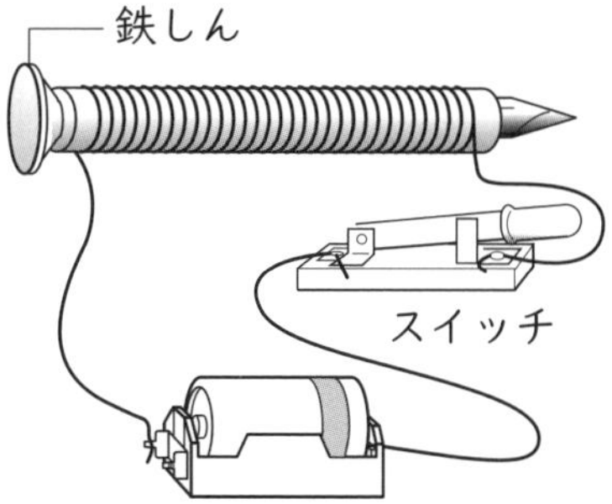

① 図1のように導線をまいたものを，何といいますか。
（　　　　　　）

② ①に鉄しんを入れて，図2のようにかん電池につないで電流を流すと，鉄しんが磁石になります。これを何といいますか。（　　　　　　）

2 電磁石について，次の問いに答えましょう。　各10点【20点】

① 右の図のように，電磁石に鉄のクリップを近づけると，クリップはどのようにつきますか。次のア〜ウから選びましょう。（　　　　）

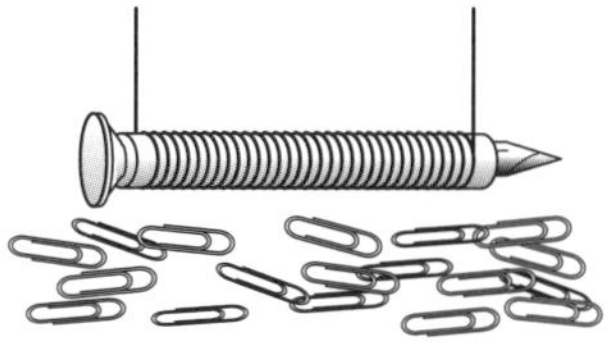

ア

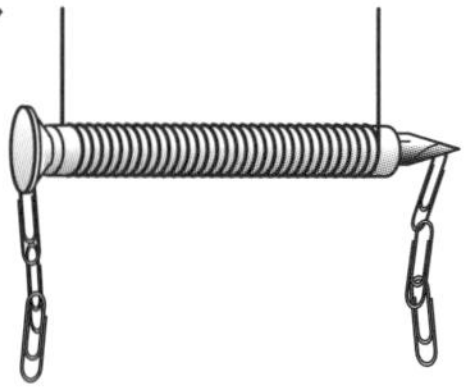

イ

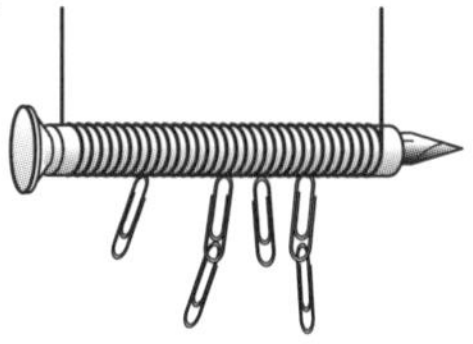

ウ

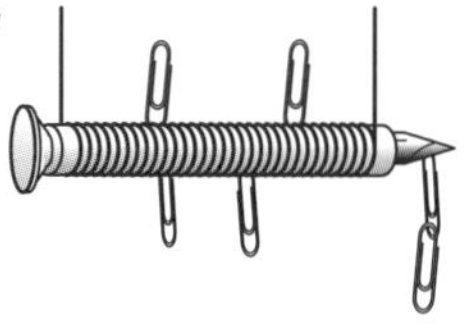

② 電流を切ると，クリップはどうなりますか。（　　　　　　）

3 下の図の㋐〜㋒の電磁石について，次の問いに答えなさい。　各10点【60点】

㋐ 100回まき　㋑ 200回まき　㋒ 200回まき

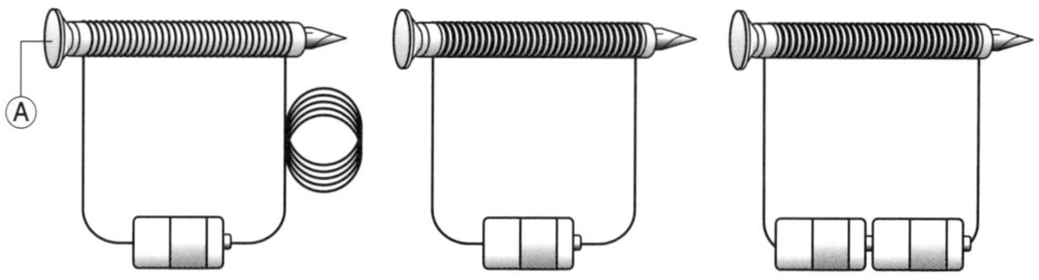

① コイルに入れるしん（Ⓐ）は，鉄のくぎと銅《どう》のくぎでは，どちらがよいですか。（　　　　　　）

② コイルのまき数がちがう電磁石の強さを比《くら》べるとき，導線の長さはどのようにしますか。次のア〜ウから選びましょう。
（　　　　）

ア　コイルのまき数がふえた分，導線の長さは短くする。
イ　コイルのまき数がちがっても，導線の長さは変えない。
ウ　コイルのまき数がふえた分，導線の長さも長くする。

③ 電磁石の力が最も弱いものは，㋐〜㋒のどれですか。
（　　　　）

④ 電磁石の力が最も強いものは，㋐〜㋒のどれですか。
（　　　　）

⑤ 電磁石の力についてまとめた，次の文の（　）にあてはまることばを書きましょう。

電磁石の力は，コイルのまき数が（あ　　　　　）ほど強くなり，流れる電流が（い　　　　　）ほど強くなる。

ふりこのきまり

目標時間 20 分　学習した日　月　日

名前

得点　　100点満点

答え　129ページ

1 右の図は，ふりこをふらせたときのようすです。　各10点【20点】

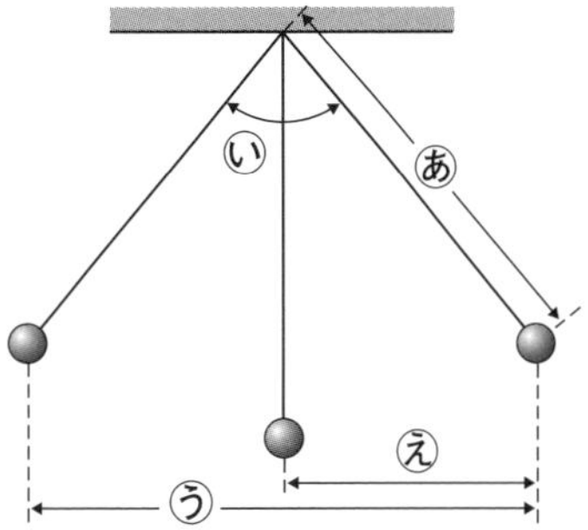

① ふりこの長さを表しているのは，あ～えのどれですか。（　　　）

② このふりこが10往復《おうふく》する時間を3回はかって，下のような表をつくりました。ふりこが1往復する時間は，何秒ですか。小数第2位を四捨五入《ししゃごにゅう》して，小数第1位まで求めましょう。

1回目	2回目	3回目
15.5秒	15.4秒	15.3秒

（　　　　　）

2 ふりこのおもりの重さを変えると，1往復する時間がどのようになるかを調べます。　各10点【20点】

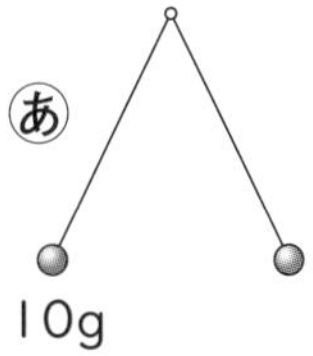

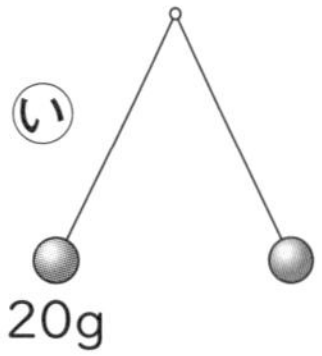

① 1往復する時間をはかるときに変えない条件《じょうけん》を，下の□からすべて選んで書きましょう。

（　　　　　　　　）

ふれはば　ふりこの長さ おもりの重さ

② あのふりこが1往復する時間は1.4秒でした。いのふりこが1往復する時間は次のどれになりますか。（　　　）

ア　1.3秒以下　　イ　1.4秒　　ウ　1.5秒以上

3 次のようなふりこを使って，ふりこが1往復する時間を調べました。　各12点【60点】

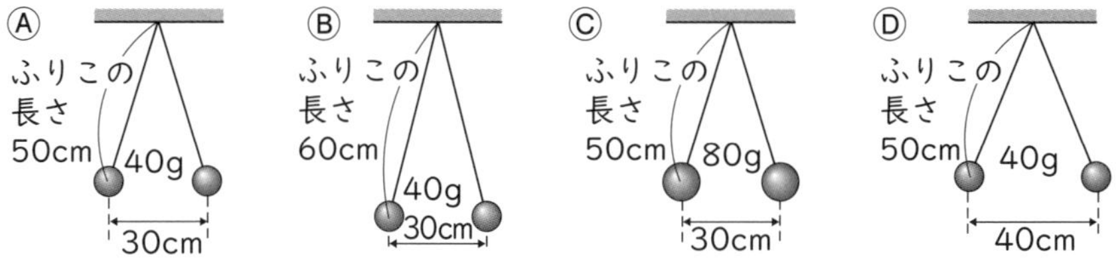

① 次のア～ウのことを調べるには，それぞれⒶ～Ⓓのどれとどれを比《くら》べればよいですか。

ア　ふりこの長さとふりこが1往復する時間

（　　と　　）

イ　おもりの重さとふりこが1往復する時間

（　　と　　）

ウ　ふれはばとふりこが1往復する時間

（　　と　　）

② ふりこが1往復する時間がいちばん長いのは，Ⓐ～Ⓓのどれですか。

（　　　）

③ ふりこが1往復する時間は，ふりこの何によって決まりますか。次のア～ウから選びましょう。

（　　　）

ア　ふれはば　　イ　ふりこの長さ

ウ　おもりの重さ

理科 16 確認《かくにん》テスト④

目標時間 20分　学習した日　月　日

名前

得点　100点満点

答え ▷ 129ページ

1 電磁石《でんじしゃく》を使って，右の図のような装置《そうち》をつくりました。スイッチを入れると，方位磁《ほういじ》しんⓐのN《エヌ》極が電磁石のほうに少しふれました。

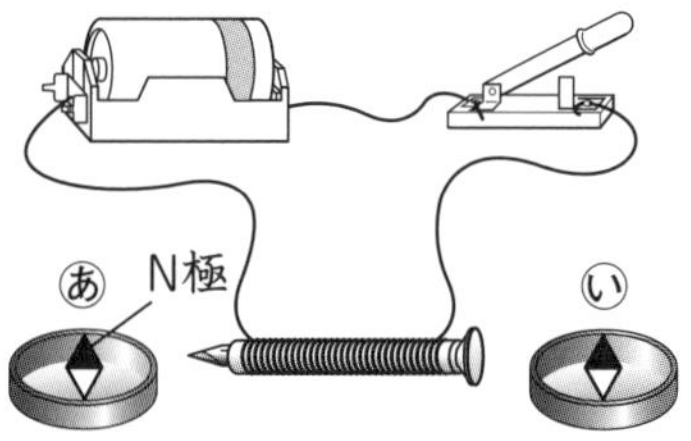

各15点【45点】

① 方位磁しんⓐのN極のふれ方を大きくしたいとき，どのようにしますか。次のア～エからすべて選びましょう。（　　　）

ア　方位磁しんを電磁石から遠ざける。

イ　コイルのまき数を多くする。

ウ　電流を流したままにしておく。

エ　かん電池の数を直列にふやす。

② 方位磁しんⓘはどのようになりますか。次のア～ウから選びましょう。（　　　）

ア　N極が電磁石のほうにふれる。

イ　S《エス》極が電磁石のほうにふれる。

ウ　N極，S極のどちらもふれない。

③ スイッチを入れたとき，方位磁しんⓐのS極が電磁石のほうにふれるようにするには，どのようにしますか。次のア～ウから選びましょう。（　　　）

ア　かん電池の＋《プラス》極と－《マイナス》極を入れかえる。

イ　コイルのまき数を多くする。

ウ　かん電池の数をふやす。

2 右の図の電磁石に流れる電流の大きさを，電流計ではかります。

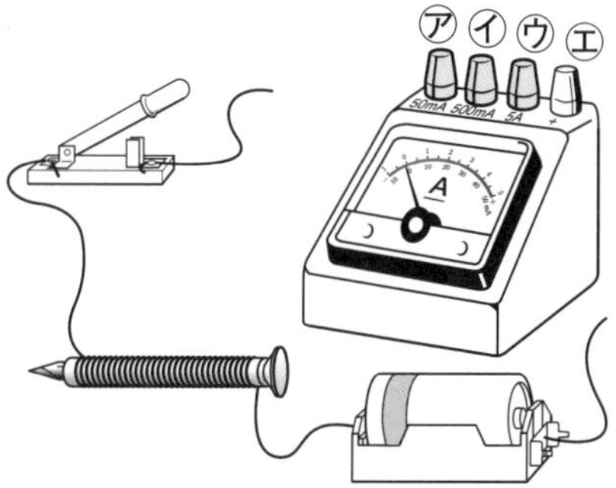

各15点【30点】

① かん電池の＋極側の導線《どうせん》は，㋐～㋓のどこにつなぎますか。（　　　）

② 電流計のはりのふれが小さかったので，500mA《ミリアンペア》の－たんしにつなぎかえたら，電流計のはりは右の図のようになりました。このときの電流の大きさは何mAですか。（　　　）

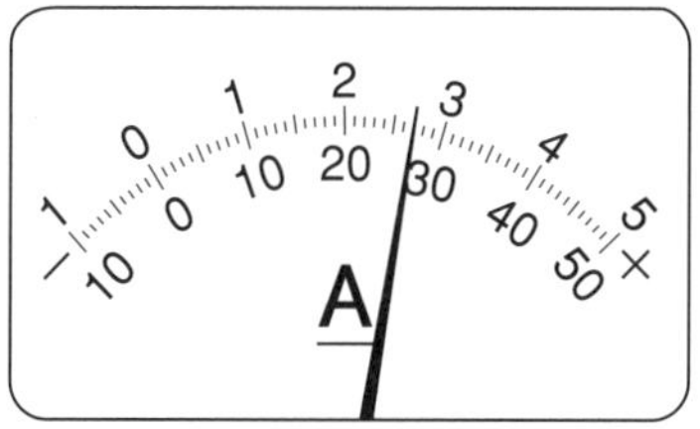

3 ふりこが1往復《おうふく》する時間を調べます。

①は各5点，②は10点【25点】

① 右の図のふりこで，ふりこの長さ，ふれはば，おもりの重さを次のように変えたとき，1往復する時間はどのようになりますか。

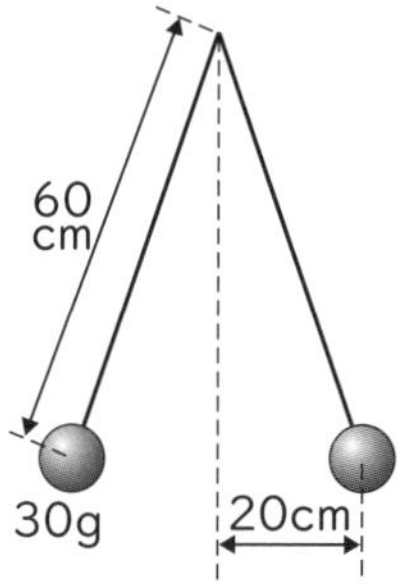

ア　ふりこの長さを1mにしたとき（　　　）

イ　ふれはばを30cmにしたとき（　　　）

ウ　おもりの重さを50gにしたとき（　　　）

② 右の図のふりこが1往復する時間を短くしたいとき，どのようにすればよいですか。（　　　）

国語 1

場面から心情《しんじょう》を読み取ろう①

目標時間 20分

学習した日　月　日

名前

得点

100点満点

■ 物語を読んで、答えましょう。【100点】

あかつきの光が、小屋の中にすがすがしく流れこんできた。

ぬま地にやってくるガンのすがたが、かなたの空に、黒く点々と見えだした。

先頭に来るのが、*残雪《ざんせつ》にちがいない。

その群れはぐんぐんやってくる。

しめたぞ！

もう少しのしんぼうだ。あの群れの中に一発ぶちこんで、今年こそは目にもの見せてくれるぞ。りょうじゅうをぐっとにぎりしめた大造《だいぞう》じいさんは、ほおがびりびりするほど引きしまった。

□、残雪は油断《ゆだん》なく地上を見下ろしながら群れを率《ひき》いてやってきた。そして、ふといつもの*飯場《はんば》に、昨日《きのう》までなかった小さな小屋をみとめた。

「様子の変わった所には近づかぬがよいぞ。」

かれの本能《ほんのう》は、そう感じたらしい。ぐっと急角度に方向を変えると、その広いぬま地の、ずっと西側のはしに着陸した。

もう少しで、たまのとどくきょりに入ってくる、というところで、またしても残雪のためにしてやられたのだ。

大造じいさんは、広いぬま地の向こうを、じっと見つめたまま、うーん、とうなってしまった。

*残雪…ガンの群れのリーダー。左右のつばさに一か所ずつ真っ白な交じり毛をもっているのでこうよばれる。

*飯場…ここでは、えさを食べる場所のこと。

〈椋鳩十「椋鳩十名作選　大造じいさんとガン」〈理論社〉より〉

① 残雪の率いるガンの群れが近づいてくる様子を、どのように表現《ひょうげん》していますか。文章中から四字で書き出しましょう。（20点）

② 何を一発ぶちこんでと思っているのですか。□に当てはまる文章中の言葉を書き出しましょう。（20点）

・□のたま。

③ □に当てはまる言葉を一つ選んで、記号を〇で囲《かこ》みましょう。（20点）

ア それで　イ ところが　ウ つまり

④ またしても残雪のためにしてやられたのだとありますが、残雪は何をしたのですか。（　）に当てはまる言葉を、文章中からさがして書き出しましょう。（20点）

・飯場に、大造じいさんが作った小さな小屋を見つけて、たまのとどかない遠い場所に（　　）を着陸させた。

⑤ うーんにこめられた大造じいさんの気持ちを一つ選んで、記号を〇で囲みましょう。（20点）

ア 残雪の機転によって自分の計画が失敗し、くやしい気持ち。

イ もうあきらめようという気持ち。

ウ 自分のまちがいをみとめて、すなおに反省する気持ち。

答え ▶130ページ

国語 2

場面から心情《しんじょう》を読み取ろう②

目標時間 20分

名前

学習した日　月　日

得点　　100点満点

■ 物語を読んで、答えましょう。【100点】

〔今年もガンの来る季節になり、大造《だいぞう》じいさんは、残雪《ざんせつ》の仲間をとらえる方法を考えた。今度の切り札は、飼《か》い慣《な》らした一羽のガンだった。〕

ガンたちは、昨年じいさんが小屋がけしたところから、たまのとどくきょりの三倍もはなれている地点を、えさ場にしているらしかった。そこは夏の出水《しゅっすい》で大きな水たまりができて、ガンのえ*が十分にあるらしかった。

「うまくいくぞ。」

大造じいさんは、青くすんだ空を見上げながらにっこりした。

その夜のうちに、飼い慣らしたガンを例のえさ場に放ち、昨年建てた小屋の中にもぐりこんだ。

さあ、いよいよ戦とう開始だ。

東の空が真っ赤に燃《も》えて朝が来た。

残雪はいつものように群れの先頭に立って、美しい朝の空を真一文字に横切ってやってきた。

やがて、えさ場におりると、グワア、グワアというやかましい声で鳴き始めた。大造じいさんのむねはわくわくしてきた。しばらく目をつぶって心の落ち着くのを待った。そして、冷え冷えするじゅう*身《しん》をぎゅっとにぎりしめた。

じいさんは目を開いた。

「さあ、今日こそ、あの残雪めに一《ひと》あわふかせてやるぞ。」

＊え…えさ。　＊じゅう身…鉄ぽうの、たまが通るつつの部分。

（椋鳩十「椋鳩十名作選　大造じいさんとガン」〈理論社〉より）

① そことは、どこですか。それがわかる部分の初めと終わりの三字を、文章中から書き出しましょう。両方できて（20点）

□□□ 〜 □□□

② 朝が来るまで、大造じいさんは、どのようにしていましたか。（30点）

（　　　　　　　　）

③ 朝、ガンの群れは、どんな様子でやってきましたか。それを表現《ひょうげん》している、文章中の五字の言葉を書き出しましょう。（20点）

□□□□□

④ しばらく目を……待った。とありますが、大造じいさんは、なぜそうしたのですか。一つ選んで、記号を○で囲《かこ》みましょう。（15点）

ア 残雪以外のガンをうってしまうのでは、という不安をふりはらいたかったから。

イ あせってはいけない、ひとまず気持ちの高ぶりをおさえよう、と思ったから。

ウ あの残雪に、一あわふかせてやるぞと、気持ちを高ぶらせたかったから。

⑤ 飼い慣らすは、二つの言葉が結びついてできた言葉です。もとの言葉に分けて書きましょう。両方できて（15点）

（　　　）＋（　　　）

答え ▶130ページ

国語 3

漢字を読もう書こう①

目標時間 20分

学習した日　月　日

名前

得点　100点満点

答え ▶130ページ

1 ——の漢字に、読みがなをつけましょう。　各4点【56点】

① 水かさが増す。（　）

② 親に似る。（　）

③ パーティーの会費を集める。（　）（　）

④ 先生から保健委員に任命される。（　）（　）

⑤ 列車で国境をこえる。（　）

⑥ 個人の記録。（　）

⑦ 平均点（　）

⑧ 仮面をつける。（　）

⑨ 予備の品物。（　）

⑩ 物価が上がる。（　）

⑪ 大きな事件。（　）

⑫ 修学旅行（　）

⑬ 仏像の写真。（　）

2 □に漢字を書きましょう。　各4点【28点】

① 友達と遊ぶ□□《やくそく》をする。

② □□《しっぱい》をおそれずにやる。

③ □□《どうとく》の授業《じゅぎょう》。

④ □□《えいよう》のある□□《りょうり》。

⑤ あたたかい□□《きせつ》になる。

⑥ 植木の□□《いち》を変える。

3 ——の言葉を、漢字と送りがなで書きましょう。　各4点【16点】

① 水をくわえる。（　）

② てきとたたかう。（　）

③ 話をつづける。（　）

④ 羊がむれる。（　）

国語 4

漢字を読もう書こう②

目標時間 20分

名前

学習した日 月 日

得点

100点 満点

答え ▶130ページ

1 ――の漢字に、読みがなをつけましょう。

各4点【48点】

① こん虫採集（　　）

② 往復はがき（　　）

③ 際限がない話。（　　）

④ 消防車（　　）

⑤ 野性的な人。（　　）

⑥ 競技会に出る。（　　）

⑦ 美しい情景。（　　）

⑧ 授業中（　　）

⑨ 歴史の研究。（　　）

⑩ 主張する（　　）

⑪ 婦人服（　　）

⑫ 保険に入る。（　　）

2 ――の漢字に、読みがなをつけましょう。

各2点【8点】

① ㋐ 快い（　　）　㋑ 快晴（　　）

② ㋐ 慣れる（　　）　㋑ 習慣（　　）

3 □に漢字を書きましょう。

各4点【28点】

① □《にがおえ》をかく。

② □《ぶつぞう》をおがむ。

③ □《へいきん》気温を調べる。

④ □《じけん》が解決《かいけつ》する。

⑤ □《ぶっか》の安定を□《たも》つ。

⑥ 児童を□《こべつ》に指導《しどう》する。

4 ――の言葉を、漢字と送りがなで書きましょう。

各4点【16点】

① 仕事をまかせる。（　　）

② 台風にそなえる。（　　）

③ 学問をおさめる。（　　）

④ 貯金《ちょきん》がふえる。（　　）

国語 5

和語・漢語・外来語／複合語《ふくごうご》

目標時間 20分

名前

学習した日　月　日

得点

100点満点

答え ▶130ページ

1 次の言葉は、あとのア～ウのどれにあたりますか。（　）に記号を書きましょう。 各3点【18点】

① 発見（　）
② 山登り（　）
③ コンサート（　）
④ 目印（　）
⑤ ジュース（　）
⑥ 可能性《かのうせい》（　）

ア 和語　イ 漢語　ウ 外来語

2 例にならって、——の言葉を〔　〕の言葉に書きかえましょう。 各7点【28点】

〈例〉とびらを開ける。〔外来語〕 →（ドア）

① 入室の許《ゆる》しは得《え》ましたか。〔漢語〕 →（　）
② クラスの全員が賛成《さんせい》する。〔和語〕 →（　）
③ すごい速さで泳ぐ。〔外来語〕 →（　）
④ 発表のチャンスをもらう。〔漢語〕 →（　）

3 例にならって、次の言葉の元になった言葉を書きましょう。 両方できて各7点【21点】

〈例〉動き回る →（動く ＋ 回る）

① 読み終わる →（　＋　）
② くり拾い →（　＋　）
③ 暑苦しい →（　＋　）

4 例にならって、二つの言葉を組み合わせてできる複合語《ふくごうご》を（　）に書き、その読み方を〔　〕に書きましょう。 複合語は各5点・読み方は各6点【33点】

〈例〉走る ＋ 去る →（走り去る）〔はしりさる〕

① 見る ＋ 守る →（　）〔　〕
② 雨 ＋ かさ →（　）〔　〕
③ 作る ＋ 話 →（　）〔　〕

国語 6

漢字を読もう書こう③

目標時間 20分

学習した日 月 日

名前

得点 100点満点

1 ——の漢字に、読みがなをつけましょう。

各4点【60点】

① 友人を家に招く。（　　）

② 酒に水が混じる。（　　）

③ 大きな損害を受ける。（　　）

④ 作戦の提案。（　　）

⑤ 運河を造《つく》る。（　　）

⑥ 乗客の減少。（　　）

⑦ 混同する（　　）

⑧ 生活の水準。（　　）

⑨ 体力測定（　　）

⑩ 演説する人。（　　）

⑪ 犯人を追う。（　　）

⑫ 水は液体だ。（　　）

⑬ 独特の味。（　　）

⑭ 電線の接続。（　　）

⑮ 清潔なタオル。（　　）

2 □に漢字を書きましょう。

各4点【24点】

① おばは大学の□□《きょうじゅ》だ。

② スポーツに□□《じょうねつ》を燃《も》やす。

③ □□《こくさい》会議

④ 職員《しょくいん》の□□《さいよう》試験。

⑤ □□□《ふじんふく》売り場に行く。

⑥ 駅まで自転車で□□《おうふく》する。

3 ——の言葉を、漢字と送りがなで書きましょう。

各4点【16点】

① こころよい風。（　　）

② 新しい生活になれる。（　　）

③ けわしい山道。（　　）

④ 事故《じこ》をふせぐ。（　　）

答え ▶130ページ

国語 7

漢字を読もう書こう④

目標時間 20分

学習した日　月　日

名前

得点

100点満点

答え ▶131ページ

1 ——の漢字に、読みがなをつけましょう。 各4点【52点】

① 夜桜見物（　　）

② 不燃物（　　）

③ 破産する（　　）

④ 能力のある人。（　　）

⑤ 商品の検査。（　　）

⑥ 肥料を買う。（　　）

⑦ 枝分かれする。（　　）

⑧ 文の構成。（　　）

⑨ 版画を見る。（　　）

⑩ 先祖の墓《はか》。（　　）

⑪ 眼科に行く。（　　）

⑫ 略図をかく。（　　）

⑬ 弟は性格が明るい。（　　）

2 ——の漢字に、読みがなをつけましょう。 各2点【8点】

① ㋐ 現れる（　　）　㋑ 再現する（　　）

② ㋐ 確かめる（　　）　㋑ 確立する（　　）

3 □に漢字を書きましょう。 各4点【24点】

① 議会で□□《えんぜつ》をする。

② 作文を□□《ていしゅつ》する。

③ やさしく□《せっ》する。

④ 夜空に広がる□□《ぎんが》。

⑤ □□《たんどく》で行動する。

⑥ 部屋を□□《せいけつ》にする。

4 ——の言葉を、漢字と送りがなで書きましょう。 各4点【16点】

① 友人を夕食にまねく。（　　）

② 土地の面積をはかる。（　　）

③ 水にすをまぜる。（　　）

④ 塩の量をへらす。（　　）

国語 8

確認《かくにん》テスト①

目標時間 20分

名前

学習した日　月　日

得点

100点満点

答え
▶131ページ

1 物語を読んで、答えましょう。【40点】

〔ガンの群れの頭領《とうりょう》（リーダー）である残雪《ざんせつ》は、仲間を救《すく》うためハヤブサとたたかい、もつれ合って、ぬま地に落ちた。大造《だいぞう》じいさんがかけつけると、ハヤブサは飛び去っていった。〕

残雪はむねのあたりをくれないにそめて、ぐったりとしていた。しかし、第二のおそろしいてきが近づいたのを感じると、残りの力をふりしぼって、ぐっと長い首を持ち上げた。そしてじいさんを正面からにらみつけた。

それは、鳥とはいえ、いかにも頭領らしいどうどうたる態度《たいど》のようであった。

大造じいさんが手をのばしても、残雪はもうじたばたさわがなかった。それは、最後の時を感じて、せめて頭領としてのいげんをきずつけまいと、努力しているようでもあった。

大造じいさんは強く心を打たれて、ただの鳥に対しているような気がしなかった。

（椋鳩十「椋鳩十名作選　大造じいさんとガン」〈理論社〉より）

① くれないにそめてとはどういう状態《じょうたい》ですか。一つ選んで、記号を○で囲《かこ》みましょう。（4点）

ア 興奮《こうふん》して、皮《ひ》ふが赤くなっている。

イ きずを負って血が出ている。

ウ 夕日の光が当たっている。

② 第二のおそろしいてきとは、だれのことですか。（8点）

（　　　）

③ 残雪は、大造じいさんに対してどういう態度をとりましたか。各8点（16点）

・正面から（　　　）、手をのばしても（　　　）。

④ ③のような残雪の態度を見て、大造じいさんはどう感じましたか。（12点）

（　　　）

2 次の二つの言葉を結びつけて複合語《ふくごうご》を作り、（　）にはひらがなで、□には漢字で書きましょう。各5点【30点】

① しろ＋なみ → （　　　）□□

② ふね＋たび → （　　　）□□

③ かぜ＋くるま → （　　　）□□

3 □に合う漢字を書きましょう。各5点【30点】

① 水泳の□□《きょうぎ》会の□□《じゅんび》。

② □□《えきたい》を□□《けんさ》する。

③ □□《せいかく》が□《に》ている兄弟。

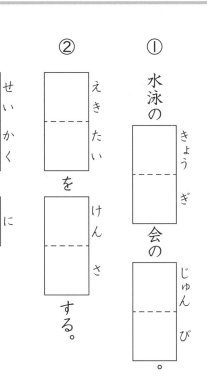

内容《ないよう》を正しく読み取ろう①

目標時間 20分

名前

学習した日　月　日

得点

100点 満点

答え
▶131ページ

■ 説明文を読んで、答えましょう。【100点】

〔秀樹《ひでき》君は、テレビ局で長く働いていたおじさんにテレビについて説明してもらっている。〕

理くつぬきで考えてみても、動く画を乗せているテレビの情報量《じょうほう》は、新聞や本の情報量と比《くら》べて、なんとなくはるかに多い感じがする。理くつこみで考えてみても、たとえば、電気信号に変えて情報を送ろうとするときに必要とする信号の量で比《ひ》かくすると、映像《えいぞう》のほうが文字や音声よりもはるかに多い。単位が三けたもちがうと言われている。

加えて、ともかく画があるとなんとなくわかりやすい感じがするだろう。わかりやすいような気がする……このことは世の中のことを理解《りかい》するときにたいへん大切な要素《ようそ》だ。わかりやすい「気がする」だけでいい。いまやすべてに豊《ゆた》かでめぐまれて、便利よく育ってきたわたしたちは、「わかりやすさ」「とっつきやすさ」「得《とく》した感じ」だけを選ぶ。それが感じられなければもう頭から*敬遠《けいえん》する。失礼だが秀樹君だってそうじゃないか。

テレビは情報量が多くて、わかりやすい感じがする、それなら「おにに金棒《かなぼう》」だ。だれにもいぞんはない。数あるマス・メディアの中でひときわテレビに人気が集まるのは、このわかりやすさ、しかも、すぐに「わかったつもり」になるほどのわかりやすさにある。

□秀樹君はもう、「そのとおりです」とすなおに思いこんではいないだろう。

*敬遠…いやがってさけること。

（佐藤二雄「テレビとのつきあい方」〈岩波書店〉より）

① テレビの情報量が新聞などの情報量よりはるかに多い感じがするのは、なぜですか。「テレビは」に続けて書きましょう。（20点）

〔テレビは　　　　〕

② 大切な要素とは、どんなことですか。一つ選んで、記号を○で囲《かこ》みましょう。（20点）

ア　動く画があること。

イ　情報量が他よりはるかに多いこと。

ウ　わかりやすいような気がすること。

③ おにに金棒とは、テレビの二つの特ちょうを指しています。どんなことか、二つをそれぞれ書きましょう。各10点（20点）

（　　　　）

（　　　　）

④ テレビに人気が集まるのは、なぜですか。（20点）

〔　　　　〕

⑤ □に当てはまる言葉を、〔　〕から選んで書きましょう。（20点）

（　　　　）

〔だから　つまり　だが〕

内容《ないよう》を正しく読み取ろう②

目標時間 20分

名前

学習した日　月　日

得点　100点満点

■ 説明文を読んで、答えましょう。【100点】

〔一九九一年の湾岸《わんがん》戦争の際《さい》に、テレビで報道《ほうどう》されたのは、アメリカ軍がコントロールした情《じょう》報《ほう》だった。〕

昼夜を分かたずあれだけの量の報道がなされたからこそ、わたしたちは真実とうそを見分けることができなかったとも言える。情報が多ければ多いほど、ことがらの本質《ほんしつ》や全体を見失ってしまいがちになるのだ。

図式で考えてみる。左上の図でぬりつぶした部分だけをテレビカメラが切り取る、

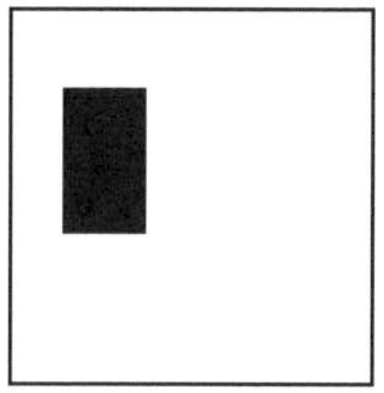

するとわたしたちは残りの部分を見失い、すててしまうことになる。この全体の四角形は人間の視野《しや》と視力に入る自然の風景だけではない。もっと大切な全体的状《じょう》きょうということであったりする。□、問題の根源《こんげん》が黒地の部分にはなく、白地の部分からきていることも多い。テレビの圧《あっ》とう的なはく力《りょく》や、すぐに「わかったつもり」になるほどのわかりやすさなど、テレビのテレビらしさが切り取った黒地をきわ立《だ》たせ、白地の部分をさらに見えなくする。

テレビの送り手に白地の部分をかくす意図などなくとも、わたしたちのほうがもう全体を見ようとしなくなっている。はく力がなければ見続けるのはたいくつだし、おもしろくなければつきあうのは面どうだ。わたしたちははるかに広い広い白地の部分を考えないようになってしまっている。

＊視野…見ることのできるはんい。　＊根源…おおもと。

（佐藤二雄「テレビとのつきあい方」〈岩波書店〉より）

① 真実とうそを見分けることができないとは、言いかえるとどういうことになりますか。（　）に入る言葉を書き出しましょう。（20点）

・（　　　　　　）を見失うということ。

② ぬりつぶした部分は、何を表しますか。一つ選んで、記号を○で囲《かこ》みましょう。（20点）

ア　ものごとの全体的なこと。

イ　重点的に報道されること。

ウ　あまり重要ではないこと。

③ □に当てはまる言葉を、〔　〕から選んで書きましょう。（20点）

（　　　　　　）

〔だが　しかも　すると〕

④ ――と似《に》た意味のことを述《の》べている部分を同じ段落《だんらく》からさがし、初めと終わりの三字を書きましょう。（両方できて20点）

□□□～□□□

⑤ 筆者が伝えたいのはどういうことだと考えられますか。一つ選んで、記号を○で囲みましょう。（20点）

ア　わたしたちは、物事の全体的状きょうを知ることは決してできない。

イ　テレビは実はわかりやすくはない。

ウ　わたしたちは、本質的なことは何かを考えようとする必要がある。

答え ▶131ページ

国語 11

漢字を読もう書こう⑤

目標時間 20分

学習した日　月　日

名前

得点

100点満点

1

――の漢字に、読みがなをつけましょう。

各4点【48点】

① 消費税
② 複数の提案《ていあん》。
③ 旅行の日程。
④ 成績がよい。
⑤ 統計をとる。
⑥ 総合運動場
⑦ 長編小説
⑧ 強い精神。
⑨ 綿織物
⑩ 職業を選ぶ。
⑪ 気絶する
⑫ 耕地の面積。

2

――の漢字に、読みがなをつけましょう。

各3点【12点】

① ㋐ 場所を移す。 ㋑ 移動する
② ㋐ 時を経る。 ㋑ 仕事の経歴。

3

□に漢字を書きましょう。

各4点【24点】

① □《さくら》の花がさく。
② 希望に□《も》える。
③ 音楽の□□《さいのう》を生かす。
④ □□《にくがん》でもよく見える星。
⑤ □□《えだまめ》を食べる。
⑥ よく□《こ》えた土地。

4

――の言葉を、漢字と送りがなで書きましょう。

各4点【16点】

① 紙がやぶれる。
② バットをかまえる。
③ 犯人《はんにん》があらわれる。
④ 答えをたしかめる。

答え ▶131ページ

国語 12

漢字を読もう書こう⑥

目標時間 20分

学習した日 月 日

名前

得点

100点満点

1 ――の漢字に、読みがなをつけましょう。

各3点【54点】

① 問題を解く。（　　）

② 犬を飼う。（　　）

③ 席を設ける。（　　）

④ 失敗を許す。（　　）

⑤ 母への感謝。（　　）

⑥ 証明書（　　）

⑦ 二酸化炭素《たんそ》（　　）

⑧ 科学の知識。（　　）

⑨ 大好評（　　）

⑩ 銅メダル（　　）

⑪ 車の輸入。（　　）

⑫ 仮定の話。（　　）

⑬ 動物の愛護。（　　）

⑭ 国の財産。（　　）

⑮ 講堂に行く。（　　）

⑯ 特許を取る。（　　）

⑰ 鉱山で働く。（　　）

⑱ 牛の飼料。（　　）

2 □に漢字を書きましょう。

各5点【30点】

① □□《ぜいきん》をはらう。

② 会社の□□《ぎょうせき》がのびる。

③ □□《でんとう》工芸品を買う。

④ 漢字の□□□《そうかくすう》を調べる。

⑤ がんばりすぎて、□□《せいこん》つきた。

⑥ 新しい□□《しょくぎょう》につく。

3 ――の言葉を、漢字と送りがなで書きましょう。

各4点【16点】

① 連らくがたえる。（　　）

② 席をうつる。（　　）

③ 畑をたがやす。（　　）

④ セーターをあむ。（　　）

答え ▶131ページ

国語 13

同じ読み方の言葉／熟語《じゅくご》の構成《こうせい》

目標時間 20分

学習した日 月 日

名前

得点

100点満点

1 次の文の□に当てはまるのは、ア・イのどちらですか。記号を○で囲《かこ》みましょう。 各4点【16点】

① 試合は間もなく□される。
ア 再会《さいかい》 イ 再開

② □な時間を教えてください。
ア 正確《せいかく》 イ 性格《せいかく》

③ 仮説《かせつ》が正しいことを□する。
ア 照明 イ 証明《しょうめい》

④ 小学生が□のアンケート。
ア 対照 イ 対象《たいしょう》

2 次の読み方の言葉を、□に漢字で書きましょう。 各5点【30点】

① シメイ
㋐ 林さんを代表に□する。
㋑ 用紙に住所と□を書く。

② カンシン
㋐ 海の生物に□がある。
㋑ 見事なわざに□する。

③ イガイ
㋐ 関係者□は入れません。
㋑ □な実験結果が出た。

3 次の熟語《じゅくご》の構成《こうせい》を、あとのア～オから選んで、（ ）に記号を書きましょう。 各4点【24点】

① 海底（ ） ② 勝負（ ）
③ 消火（ ） ④ 禁止《きんし》（ ）
⑤ 不要（ ） ⑥ 防災《ぼうさい》（ ）

ア 似《に》た意味の漢字がならぶもの
イ 反対の意味の漢字がならぶもの
ウ 上の漢字が下の漢字を修飾《しゅうしょく》するもの
エ 上の漢字が動作、下の漢字がその対象を表すもの
オ 上の漢字が下の漢字の意味を打ち消しているもの

4 〔 〕の漢字を使って、次の構成の熟語をそれぞれ作りましょう。 各6点【30点】

① 似た意味の漢字がならぶもの □
② 反対の意味の漢字がならぶもの □
③ 上の漢字が下の漢字を修飾するもの □
④ 上の漢字が動作、下の漢字がその対象を表すもの □
⑤ 上の漢字が下の漢字の意味を打ち消しているもの □

〔夫 熱 山 潔 妻
無 登 清 害 湯〕

答え ▶132ページ

国語 14

漢字を読もう書こう⑦

目標時間 20分

名前

学習した日　月　日

1 ——の漢字に、読みがなをつけましょう。

各3点【54点】

① 合格《ごうかく》を喜ぶ。（　　）

② 参加を断る。（　　）

③ 薬が効く。（　　）

④ 原則を守る。（　　）

⑤ 制限速度（　　）

⑥ 事故を起こす。（　　）

⑦ 政治家（　　）

⑧ 食堂に集まる。（　　）

⑨ 雑談をする。（　　）

⑩ 貯金額（　　）

⑪ 領土を守る。（　　）

⑫ 寄付をする。（　　）

⑬ 得意な教科。（　　）

⑭ 美容院（　　）

⑮ 正しい判断。（　　）

⑯ 雑木林（　　）

⑰ 朝刊を読む。（　　）

⑱ 効果がある。（　　）

2 □に漢字を書きましょう。

各5点【30点】

① □□《かんしゃ》の気持ちを伝える。

② 動物□□《あいご》週間

③ 主張《しゅちょう》の正しさを□□《しょうめい》する。

④ 外国から木材を□□《ゆにゅう》する。

⑤ □□《ざいさん》を守る。

⑥ □□《ちしき》を身につける。

3 ——の言葉を、漢字と送りがなで書きましょう。

各4点【16点】

① くつひもがとける。（　　）

② 失敗をゆるす。（　　）

③ 席をもうける。（　　）

④ 庭で犬をかう。（　　）

得点

100点 満点

答え ▶132ページ

国語

15 漢字を読もう書こう⑧

目標時間 20分

学習した日　月　日

名前

得点

100点満点

1 ――の漢字に、読みがなをつけましょう。

各3点【54点】

① 厚い辞典。

② 食べ過ぎる

③ 建築材料

④ 態度を改める。

⑤ 犯罪が増《ふ》える。

⑥ 停電になる。

⑦ 利益を上げる。

⑧ 順序を守る。

⑨ 新居に移《うつ》る。

⑩ 金属の加工。

⑪ 簡単《かんたん》な構造。

⑫ 記述式の問題。

⑬ 弁当を食べる。

⑭ 営業時間

⑮ 意志がかたい。

⑯ 学者を志す。

⑰ 逆転する

⑱ 父に逆らう。

2 □に漢字を書きましょう。

各5点【30点】

① □□《ゆうかん》を読む。

② □□《おおばん》の画用紙。

③ ラジオの□□《ざつおん》が気になる。

④ □□□□《おうだんほどう》をわたる。

⑤ 試合で□□《ほんりょう》を発揮《はっき》する。

⑥ □《ひたい》にあせをかく。

3 ――の言葉を、漢字と送りがなで書きましょう。

各4点【16点】

① 参加をことわる。

② 入賞《にゅうしょう》をよろこぶ。

③ 高い評《ひょう》価《か》をえる。

④ かぜにきく薬。

答え ▶132ページ

国語 16 確認《かくにん》テスト②

目標時間 20分

名前

学習した日 月 日

得点

100点 満点

1 説明文を読んで、答えましょう。【40点】

　心のもっとおくのほうまでさぐると、わたしたちには大いなるさっ覚があるようだ。それは、「テレビで報道《ほうどう》されなければ存在《そんざい》しないに等しい」というさっ覚である。わたしたちはいそがしい。情報《じょうほう》の収集《しゅうしゅう》や分《ぶん》せきは専門家《せんもんか》にたのみ、そこから提供《ていきょう》される情報を受け入れている。そこまではいい。しかし、マス・メディアから提供される情報はごくごく一部であるということをわすれ、あたかもそれがすべてだと思いこんでいるのではないだろうか。

　わたしたちは、自分たちが本当に必要とする情報なのか（なぜ必要なのか）、正確《せいかく》な情報なのか（どうして正確であるとわかるのか）など、情報の見定めはしない。実際《じっさい》、テレビを見ながらその場で見定めるよゆうなどはなく、番組が終わればきれいさっぱりだ。

（佐藤二雄「テレビとのつきあい方」〈岩波書店〉より）

① ——とは、どういう意味ですか。一つ選んで、記号を○で囲《かこ》みましょう。（10点）

ア　テレビに出ないことには価値《かち》がない。
イ　テレビでは真実だけを伝える。
ウ　テレビで報道されることがすべてだ。

② それとは、何を指していますか。（10点）

（　　　　）

③ 情報を見定めようとする場合、どのような点に気をつけるとよいですか。□に合う言葉を、文章中から書き出しましょう。各5点（10点）

・情報の□性《せい》と□さ。

④ 筆者が伝えたいことに合うものを一つ選んで、記号を○で囲みましょう。（10点）

ア　情報を見定めないのは危険《きけん》だ。
イ　テレビの情報を信じていればよい。
ウ　番組の内容《ないよう》をわすれてはいけない。

2 □に当てはまる同じ読み方の言葉を、〔　〕から選んで書きましょう。各10点【30点】

キカン
・大腸《だいちょう》は消化①□だ。
・安売りの②□中に買う。
・蒸気《じょうき》③□車が走る。

〔期間　気管　機関　器官〕

3 □に合う漢字を書きましょう。各5点【30点】

① □《ちしき》も□《はんだん》力もある。

② □《ふくざつ》な□《こうぞう》の建物。

③ □《べんご》士《し》に□《かんしゃ》する。

答え ▶132ページ

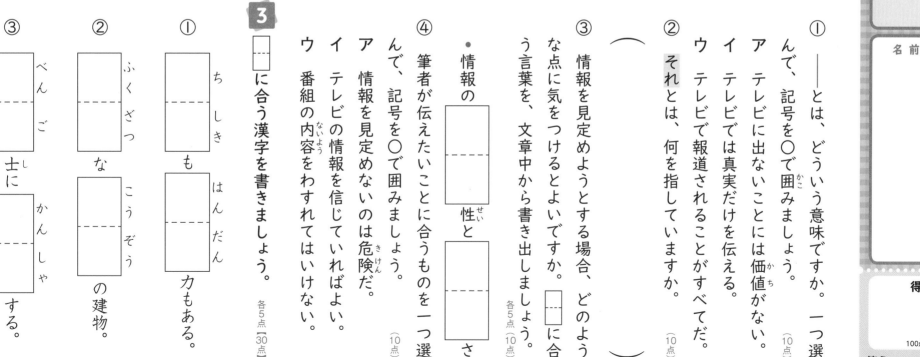

情景《じょうけい》と作者の感動をつかもう

目標時間 20分

名前

学習した日　月　日

得点　100点満点

答え ▶132ページ

■ 詩を読んで、答えましょう。【100点】

水平線

小泉《こいずみ》 周二《しゅうじ》

水平線がある
一直線にある
ゆれているはずなのに
一直線にある

水平線がある
はっきりとある
空とはちがうぞと
はっきりとある

水平線がある
どこまでもある
ほんとうの強さみたいに
□ある

（「創作文学シリーズ詩歌　海　小泉周二詩集」〈かど創房〉より）

① この詩について述《の》べた次の文の□に当てはまる言葉を、詩の中から書き出しましょう。各10点（20点）

・「□」という言葉をくり返すことで、□がしっかりと見えている様子を伝えている。

② □に入る言葉を書きましょう。（20点）

（　　）

③ 水平線を人のように表している部分があります。二行で書き出しましょう。（20点）

④ 作者は、水平線にどのようなことを感じていますか。詩の中から七字で書き出しましょう。（20点）

⑤ この詩について合うものを一つ選んで、記号を○で囲《かこ》みましょう。（20点）

ア　作者はどの連《れん》にも自分の思いは入れず、見たままの景色を伝えている。

イ　あとの連になるほど、作者は水平線の存在《そんざい》をより強調している。

ウ　三つの連のうち、第二連をこの詩の中心として書いている。

文語表現《ひょうげん》に親しもう

目標時間 20分

学習した日　月　日

名前

得点
100点満点

■ 詩を読んで、答えましょう。【100点】

晴間《はれま》

三木《みき》 露風《ろふう》

八月の
山の昼
明《あか》るみに
雨そゝ《（そ）》ぎ
*遠雷《えんらい》の
音をきく。

雨の音
雷《らい》の音
うちまぢ《（じ）》り
草は鳴る
八月の
山の昼。

を《（お）》りからに
*空青み
日は照りぬ――
静かなる
色を見よ
山の昼。

*遠雷…遠くで鳴るかみなり。
*空青み…空が青くなり。

（「現代日本文学全集73」〈筑摩書房〉より）

① この詩には、どのような特色がありますか。□に当てはまる数字を、漢字で書きましょう。 各10点（20点）

・□つのかたまり（連《れん》）からできていて、どの行も□音《おん》になっている。

② うちまぢりとありますが、何と何がまじっているのですか。 両方できて（25点）

・（　　）と（　　）。

③ をりからにの意味として正しいものを一つ選んで、記号を○で囲《かこ》みましょう。（20点）

ア 気づかないうちに
イ ちょうどそのときに
ウ ちょうどその場所に

④ 日は照りぬの意味として正しいものを一つ選んで、記号を○で囲みましょう。（20点）

ア 日が照らない。
イ 日が照ってくるかもしれない。
ウ 日が照ってきた。

⑤ 「照りぬ」「静かなる」などは、昔の書き言葉です。このような言葉を、何といいますか。□に当てはまる言葉を、漢字で書きましょう。（15点）

□語

答え
▶132ページ

国語

国語 19

漢字を読もう書こう⑨

目標時間 20分

学習した日 月 日

名前

得点

100点満点

1 ――の漢字に、読みがなをつけましょう。

各3点【54点】

① 道に迷う。（　）

② 久しぶりの外食。（　）

③ 害虫を殺す。（　）

④ 旅費《りょひ》が余る。（　）

⑤ 適切な処置《しょち》。（　）

⑥ 団結する（　）

⑦ 原因をさぐる。（　）

⑧ 手術室（　）

⑨ 可能性《せい》がある。（　）

⑩ 語句の使い方。（　）

⑪ 人工衛星（　）

⑫ 余分なお金。（　）

⑬ 再会をちかう。（　）

⑭ 山脈が見える。（　）

⑮ 事務所（　）

⑯ 新しい校舎。（　）

⑰ 勢力争い（　）

⑱ 暗殺事件《じけん》（　）

2 □に漢字を書きましょう。

各5点【30点】

① 将来《しょうらい》は□《けんちく》家になりたい。

② □《きじゅつ》式の問題に答える。

③ □《ぎゃくてん》勝ちをする。

④ □《かこ》と未来。

⑤ れいぎ正しい□《たいど》をとる。

⑥ □《じゅんじょ》よくならべる。

3 ――の言葉を、漢字と送りがなで書きましょう。

各4点【16点】

① 学者をこころざす。（　）

② 夜の八時をすぎる。（　）

③ 先生にお礼をのべる。（　）

④ 兄にさからう。（　）

答え ▶133ページ

国語 20

漢字を読もう書こう⑩

目標時間 20分

学習した日 月 日

名前

得点

100点 満点

1 ――の漢字に、読みがなをつけましょう。

各3点【54点】

① 墓参り（　）

② 妻と夫。（　）

③ 客を導く。（　）

④ 柱で支える。（　）

⑤ 木の幹。（　）

⑥ 新幹線（　）

⑦ 応用問題（　）

⑧ 毛布をかける。（　）

⑨ 日常の生活。（　）

⑩ 教師をめざす。（　）

⑪ 夢中になる。（　）

⑫ 報告を受ける。（　）

⑬ 在校生（　）

⑭ 基本的な問題。（　）

⑮ 圧力をかける。（　）

⑯ 初夢を見る。（　）

⑰ 技《ぎ》術《じゅつ》の導入。（　）

⑱ 人類の祖先。（　）

2 □に漢字を書きましょう。

各5点【30点】

① 道に□《まよ》う。

② □□《だんち》に住む。

③ □□《げんいん》と結果の関係。

④ 計画の実現《じつげん》は□□《かのう》だ。

⑤ 人工□□《えいせい》の打ち上げ。

⑥ 花見に□□《さいてき》な場所をさがす。

3 ――の言葉を、漢字と送りがなで書きましょう。

各4点【16点】

① 友とふたたび会う。（　）

② 議長をつとめる。（　）

③ いきおいがいい。（　）

④ ひさしぶりの休日。（　）

答え ▶133ページ

国語 21

敬語《けいご》

目標時間 20分

学習した日　月　日

名前

得点

100点満点

1 次の——の敬語《けいご》の種類を、あとのア～ウから選んで、（　）に記号を書きましょう。　各4点【20点】

① お客様は間もなく来られる。（　）

② わたしは七時に起きます。（　）

③ 宿題について先生にうかがう。（　）

④ みなさん、何をめし上がりますか。（　）

⑤ 来場者の方を席までご案内する。（　）

ア　ていねい語　イ　尊敬語《そんけいご》　ウ　けんじょう語

2 次の文の□に合う敬語表現《ひょうげん》は、ア・イのどちらですか。記号を○で囲《かこ》みましょう。　各4点【20点】

① 先生がそのように□そうだ。

ア　申した　イ　おっしゃった

② わたしがお客様に□。

ア　ご説明した　イ　ご説明になった

③ あなたのお父様がこの絵を□のですか。

ア　おかきになった　イ　おかきした

④ 明日の面談には、母が□。

ア　いらっしゃいます　イ　まいります

⑤ 先生がわたしにこの本を□。

ア　くださいました　イ　いただきました

3 次の——の言葉を、［　］の言葉のどれかを使って、文に合う敬語表現に書き直しましょう。　各8点【24点】

① 先生はどこにいますか。

（　）

② ご参加の方には景品をあげます。

（　）

③ どうぞご自由に見てください。

（　）

［いらっしゃる　ごらんになる　さし上げる　いただく］

4 次の——の言葉を、〈　〉に示《しめ》した敬語に直して書きましょう。　各9点【36点】

① こちらが音楽室だ。〈ていねい語〉

（　）

② 先生が質問《しつもん》に答えた。〈尊敬語〉

（　）

③ おもしろい話を聞いた。〈けんじょう語〉

（　）

④ どうぞ食べてください。〈尊敬語〉

（　）

答え ▶133ページ

国語

22 漢字を読もう書こう⑪

目標時間 20分

名前

学習した日　月　日

得点

100点満点

答え
▶133ページ

1 ――の漢字に、読みがなをつけましょう。

各3点【54点】

①（　）易しい問題。

②面積を比べる。（　）

③男女の比率。（　）

④永遠の別れ。（　）

⑤健康状態（　）

⑥世論《よろん》《せろん》調査（　）

⑦通行禁止（　）

⑧武器をすてる。（　）

⑨暴力反対だ。（　）

⑩新旧交代（　）

⑪酸素ボンベ（　）

⑫指示を出す。（　）

⑬留学する（　）

⑭火災を防《ふせ》ぐ。（　）

⑮容易に解《と》けない。（　）

⑯易者が話す。（　）

⑰武者ぶるい（　）

⑱条件が合う。（　）

2 □に漢字を書きましょう。

各5点【30点】

①□《ゆめ》を見る。

②天気□□《よほう》を調べる。

③駅前に銀行の□□《してん》ができる。

④□□□《へいじょうしん》で試合にのぞむ。

⑤寒いので、□□《もうふ》をかける。

⑥家族で□□《はかまい》りに行く。

3 ――の言葉を、□に漢字で書きましょう。

各4点【16点】

①太く大きな木のみき。

②夫とつま。

③人をみちびく教え。

④一家をささえる。

①□　②□　③□く　④□える

国語 23

漢字を読もう書こう⑫

目標時間 20分

名前

学習した日 月 日

得点

100点満点

答え
▶133ページ

1 ――の漢字に、読みがなを書きましょう。 各3点【54点】

① 本を貸す。（　　）
② 失敗を責める。（　　）
③ 命を救う。（　　）
④ 豊かなくらし。（　　）
⑤ 貧しい生活。（　　）
⑥ 出発を告げる。（　　）
⑦ 資料を見る。（　　）
⑧ 貿易を行う。（　　）
⑨ 質問をする。（　　）
⑩ 正義感（　　）
⑪ 規則を守る。（　　）
⑫ 新製品（　　）
⑬ 興味深い話。（　　）
⑭ 賞状をもらう。（　　）
⑮ 賛成と反対。（　　）
⑯ 救出作戦（　　）
⑰ 責任を取る。（　　）
⑱ ビルの非常口。（　　）

2 □に漢字を書きましょう。 各5点【30点】

① ボタンを□《と》める。
② □□《きゅうしき》の電話。
③ 事実を□□《ちょうさ》する。
④ さむらいが□□《ぶげい》をみがく。
⑤ □□《ぼうりょく》はふるわない。
⑥ □□《ぼうさい》訓練を行う。

3 ――の言葉を、漢字と送りがなで書きましょう。 各4点【16点】

① 馬があばれる。（　　）
② せの高さをくらべる。（　　）
③ 手本をしめす。（　　）
④ チームをひきいる。（　　）

国語 24

確認《かくにん》テスト③

目標時間 20分

学習した日　月　日

名前

得点

100点満点

答え ▶133ページ

1 詩を読んで、答えましょう。【40点】

紙風船

黒田《くろだ》　三郎《さぶろう》

落ちてきたら
今度は
もっと高く
もっともっと高く
何度でも
打ち上げよう
美しい
願いごとのように

〈「現代詩文庫　6　黒田三郎」〈思潮社〉より〉

① 落ちてきたらとありますが、何が落ちてきたらということですか。（10点）

（　　　　）

② 落ちてきたら、どうするといっていますか。詩の中から一行を書き出しましょう。（10点）

（　　　　）

③ この詩では、何を何にたとえていますか。各6点（12点）

・（　　　　）を（　　　　）に。

④ この詩は、作者のどのような思いを表していますか。記号を○で囲《かこ》みましょう。（8点）

ア　できるだけ高い望みをもっていようという思い。

イ　願いをあきらめないでもち続けようという思い。

ウ　いつまでも遊んでいたいという思い。

2 ――の言葉の敬語《けいご》での言い方を、〔　〕から選んで書きましょう。各10点【30点】

① 先生が言うことをよく聞く。（　　　　）

② お客様からおかしをもらう。（　　　　）

③ 授業《じゅぎょう》について先生にたずねる。（　　　　）

〔うかがう　いただく　おっしゃる〕

3 □に合う漢字を書きましょう。各5点【30点】

① 夫が□《つま》の意見に□□《さんせい》する。

② □□《てきせつ》な□□《しじ》を出す。

③ □□《きょうし》は□□《せきにん》のある仕事だ。

全科プリント　小学5年
答えとアドバイス

★ まちがえた問題は，何度も練習してできるようにしましょう。
★ アドバイス があるところは，よく読んでおきましょう。

算　数

1 小数と整数　（2ページ）

1 ①2，1，9，3，5　②7.084
2 ①10倍…5.7　100倍…57　1000倍…570
②$\frac{1}{10}$…0.62　$\frac{1}{100}$…0.062
3 ①1000倍　②$\frac{1}{100}$
4 ①36.8　②597　③21.9　④18050
5 ①2.74　②9.564　③0.842　④0.06071
6 ①14.59　②95.41　③91.45　④49.51

アドバイス 整数や小数を10倍，100倍すると，小数点は0の数だけ右にうつります。また，整数や小数を $\frac{1}{10}$，$\frac{1}{100}$ にすると，小数点は0の数だけ左にうつります。
6の④で，50より大きくて50にいちばん近い数は51.49で，50との差は1.49です。50より小さくて50にいちばん近い数は49.51で，50との差は0.49です。

2 小数のかけ算①　（3ページ）

1 ①10，5.4　②100，0.72
2 ①96.2　②623　③5.52
④3.456　⑤0.754　⑥0.135
⑦0.0851　⑧19.142　⑨7.667
3 ①324　②32.4　③0.324
4 （式）75×4.2=315　（答え）315円
5 （式）2.6×0.86=2.236　（答え）2.236 kg
6 （式）10.9−3.4=7.5
7.5×3.4=25.5　（答え）25.5

アドバイス 2積の小数点のうち方に注意しましょう。たとえば④では，かけられる数とかける数の小数点から下のけた数が，それぞれ，2けた，1けたなので，積の小数点から下のけた数は，2+1で，3けたになります。
3の②は，かけられる数もかける数も10でわっているので，積は3240を100でわります。
6は，まず，10.9から3.4をひいてある数を求め，その数に3.4をかけて正しい答えを求めます。

3 小数のかけ算②　（4ページ）

1 ①㋐　②㋑
2 ①69　②27　③76　④8
3 （式）2.3×3.6=8.28　（答え）8.28 cm²
4 ①（式）15÷6=2.5　（答え）2.5倍
②（式）6÷15=0.4　（答え）0.4倍
③（式）15×2.4=36　（答え）36 L

アドバイス 1では，1より大きい数をかけると，積はかけられる数より大きくなり，1より小さい数をかけると，積はかけられる数より小さくなります。
2の①は，2.5×4を先に計算します。②は，3.7×2.7+6.3×2.7=(3.7+6.3)×2.7と考えて計算します。③は，95×0.8=(100−5)×0.8=100×0.8−5×0.8と考えて計算します。④は，3.2を0.8×4と考えると，3.2×2.5=(0.8×4)×2.5=0.8×(4×2.5)となります。
4の①は，Aの容器の油のかさをBの容器の油のかさでわります。②は，Bの容器の油のかさをAの容器の油のかさでわります。

4 小数のわり算①　（5ページ）

1 （8×10），80÷16=5
2 ①4　②26　③4.8　④0.8　⑤2.5
⑥0.6　⑦4.36　⑧85　⑨5.4
3 （式）480÷3.2=150　（答え）150円
4 （式）39.1÷4.6=8.5　（答え）8.5 g
5 （式）9÷2.4=3.75　（答え）3.75 m
6 （式）7.8÷0.65=12　（答え）12日

アドバイス 2では，わる数とわられる数の小数点を右に同じ数だけうつすのをわすれないようにしましょう。
5では，横の長さを□mとして，面積の公式にあてはめて式をつくり，□にあてはまる数を求めることもできます。
2.4×□=9，□=9÷2.4=3.75

5 小数のわり算②　（6ページ）

1 ㋑，㋒
2 ①4あまり1.6　検算…1.7×4+1.6=8.4
②6あまり1.9　検算…3.1×6+1.9=20.5
③18あまり1　検算…2.6×18+1=47.8
④12あまり0.6　検算…5.2×12+0.6=63
3 ①7.2あまり0.04　②3.7あまり0.48
③0.7あまり0.005
4 ①190　②190
5 （式）42.5÷1.6=26あまり0.9
（答え）26ふくろできて，0.9 kgあまる。
6 （式）50÷2.3=21あまり1.7
（答え）21本とれて，1.7 mあまる。

アドバイス 1では，1より大きい数でわると，商はわられる数より小さくなり，1より小さい数でわると，商はわられる数より大きくなります。
2や3で，商の小数点は，わられる数の右にうつした小数点にそろえてうちますが，あまりの小数点は，わられる数のもとの小数点にそろえてうちます。
5や6では，問題文の意味を考えて，商を何の位まで求めるかを考えます。5ではふくろの数を，6ではなわの数を求めるので，商はどちらも一の位まで求めて，あまりを出します。

6 小数のわり算③ （7ページ）

1 ①6.1 ②4.7 ③2.4
2 ①3.1 ②0.68 ③35
3 ①（式）6.3÷1.4=4.5 （答え）4.5倍
②（式）3.06÷4.5=0.68 （答え）0.68倍
4 （式）3÷7=0.428… （答え）約0.43 L
5 （式）12÷4.2=2.85… （答え）約2.9 m
6 ①（式）51÷60=0.85 （答え）0.85倍
②（式）みずほさんの体重を□kgとすると，
□×1.6=60 □=60÷1.6=37.5
（答え）37.5 kg

アドバイス 2で，商を四捨五入《ししゃごにゅう》して上から2けたのがい数で求めるときは，上から3けた目の数まで商を求め，四捨五入します。

6の②は，もとにする大きさがみずほさんの体重で，何倍かにあたる大きさがお父さんの体重です。もとにする大きさを□として，かけ算の式に表すと，考えやすくなります。

7 確認《かくにん》テスト① （8ページ）

1 ①65.104 ②100 ③0.149
2 ①0.159 ②0.951
3 ①30.68 ②2.59 ③0.4992
4 ①13 ②1.25 ③375
5 （式）5÷0.4=12あまり0.2
（答え）12本できて，0.2 Lあまる。
6 （式）たての長さを□mとすると，
□×0.68=5.1 □=5.1÷0.68=7.5
7.5×5.1=38.25 （答え）38.25 m^2

アドバイス 4のわり算では，小数点のうつし方に注意しましょう。③では，わる数とわられる数の小数点を右に2けたうつします。

③ 0.04)15.00

0をつけたして，小数点をうつします。

6は，先にたての長さを求めます。

8 体　積① （9ページ）

1 ①（式）3×6×4=72 （答え）72 cm^3
②（式）5×5×5=125 （答え）125 cm^3
③（式）0.8 m=80 cm
80×70×30=168000
（答え）168000 cm^3
2 （式）3×5×2=30 （答え）30 cm^3
3 ①（式）4×2×5=40 （答え）40 m^3
②（式）3×3×3=27 （答え）27 m^3
③（式）6×7.5×6=270 （答え）270 m^3
4 ①7000000 ②40000000 ③3 ④0.9

アドバイス 1の③は，0.8 mをcmの単位になおしてから，体積の公式にあてはめます。

2は，展開図《てんかいず》を組み立てると，たて3 cm，横5 cm，高さ2 cmの直方体になります。

4は，1 m^3=1000000 cm^{3}を使って考えます。

9 体　積② （10ページ）

1 ①（式）6×(8−5)×10=180
6×5×4=120
180+120=300 （答え）300 cm^3
【別式①】6×(8−5)×(10−4)=108
6×8×4=192
108+192=300
【別式②】6×8×10=480
6×5×(10−4)=180
480−180=300
②（式）7×9×2=126
3×(9−4−2)×2=18
126−18=108 （答え）108 cm^3
③（式）6×10×(5+5)=600
6×4×5=120
6×(10−4−3)×7=126
600−120−126=354
（答え）354 cm^3
【別式】6×4×5=120
6×3×(5+5)=180
6×(10−4−3)×(10−7)=54
120+180+54=354
④（式）8×10×9=720
4×4×4=64
720−64=656 （答え）656 cm^3
2 ①6000 cm^3
②（式）6000÷(16×25)=15
（答え）15 cm
3 （式）15×9×7=945 （答え）約945 cm^3
4 540 cm^3

アドバイス 1の②は，3つの直方体に分けて体積を求める方法もありますが，大きな直方体の体積から欠けている部分の直方体の体積をひいたほうが，計算がらくです。

4で，直方体Aと直方体Bは，底面の面積が等しく，直方体Bの高さは直方体Aの高さの3倍なので，直方体Bの体積は直方体Aの体積の3倍になります。

10 合同な図形 （11ページ）

1 ㋐と㋘，㋑と㋓，㋒と㋖
2 ①頂点F ②辺FE ③5 cm ④70°
3 ①（例） ②（例）

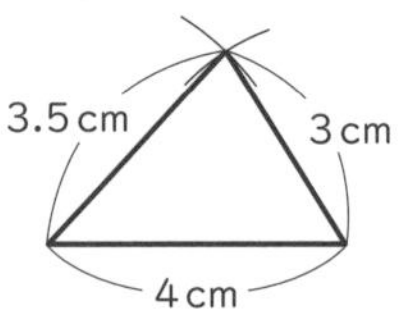

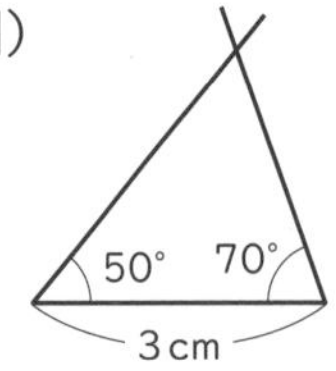

4 （例）

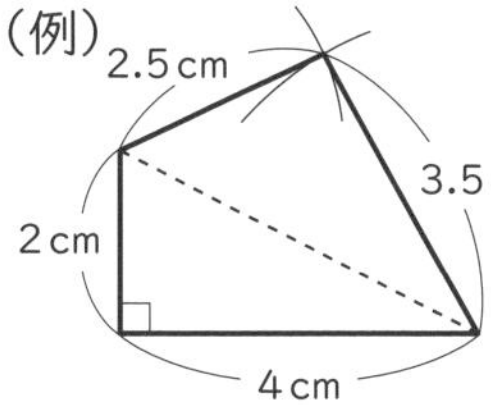

※**3**，**4**の図は，実際《じっさい》の長さとはちがっています。

アドバイス **4**では，四角形を対角線で三角形2つに分けます。直角の印に注目して，直角三角形を先にかきます。

11 三角形の角 （12ページ）

1 ① 180°
② （式） 180°÷3=60° （答え） 60°

2 ① （式） 180°−(70°+45°)=65° （答え） 65°
② （式） 180°−(115°+35°)=30° （答え） 30°
③ （式） 180°−(85°+50°)=45°
180°−45°=135° （答え） 135°

3 ① （式） 180°−40°×2=100° （答え） 100°
② （式） (180°−40°)÷2=70° （答え） 70°
③ （式） (180°−80°)÷2=50°
180°−50°=130° （答え） 130°

4 （式） 180°−60°=120°
(180°−120°)÷2=30° （答え） 30°

アドバイス 角度を求める式は，「°」をつけてもつけなくてもかまいません。たとえば，**1**の②の式は，180÷3=60と表すこともできます。

3で，二等辺三角形は2つの角の大きさが等しいです。①で，もう1つの角の大きさは40°なので，（あ）は180°から40°の2つ分をひいて求めます。②のもう1つの角の大きさは，40°ではなく，（い）と同じ角の大きさなので，（い）は180°から40°をひいて2でわって求めます。

12 四角形・多角形の角 （13ページ）

1 ① （式） 360°−(110°+80°+75°)=95° （答え） 95°
② （式） (360°−130°×2)÷2=50° （答え） 50°
③ （式） 360°−(65°+100°+90°)=105°
180°−105°=75° （答え） 75°

2 ① 6つ ② 1080°

3 ① 80° ② 60° ③ 40° ④ 180°

4 ① 360° ② 360° ③ 360°

アドバイス **3**のような星形の図形では，角ア，角イ，角ウ，角エ，角オの5つの角の大きさの和は必ず180°になります。

4の①では，（う）の角ととなり合う内側の角の大きさは，180°−(60°+40°)=80° （あ）+（い）+（う）=(180°−60°)+(180°−40°)+(180°−80°)=360° ②では，（け）の角ととなり合う内側の角の大きさは，360°−(65°+75°+110°)=110° （か）+（き）+（く）+（け）=(180°−65°)+(180°−75°)+(180°−110°)+(180°−110°)=360° このように，三角形でも四角形でも，外側の角の大きさの和は360°になります。

13 偶数《ぐうすう》と奇数《きすう》 （14ページ）

1 ① △ ② ○ ③ ○ ④ △ ⑤ ○ ⑥ ○
⑦ △ ⑧ △ ⑨ ○ ⑩ ○ ⑪ △ ⑫ ○

2 ① ㋐2 ㋑3 ㋒8 ㋓22 ㋔40 ㋕49
② 奇数

3 ① ㋐8530 ㋑3058 ② ㋐8503 ㋑3085

4 ① 奇数 ② 偶数 ③ 偶数

5 ① 奇数 ② 偶数

アドバイス **5**では，合計のまい数の15が奇数《きすう》であることから考えます。

14 倍数と約数 （15ページ）

1 ① 6，12，18，24，30，36，42，48
② 8，16，24，32，40，48
③ 24，48 ④ 24

2 ① 1，2，3，6，9，18
② 1，2，3，5，6，10，15，30
③ 1，2，3，6 ④ 6

3 ① 28 ② 27 ③ 30 ④ 60

4 ① 3 ② 16 ③ 4 ④ 6

5 午前7時40分

6 ① 8人 ② りんご4個《こ》 みかん3個

アドバイス **5**では8と10の最小公倍数を考えます。

6の①では32と24の最大公約数を考えます。②は，①の人数に配ったときの，1人分の個数を考えます。

15 確認《かくにん》テスト② （16ページ）

1 ① （式） 7×7×7=343 （答え） 343 cm^3
② （式） 6.5×10×5=325 （答え） 325 cm^3

2 ① （式） 180°−65°×2=50° （答え） 50°
② （式） 180°−80°=100°
360°−(70°+100°+130°)=60° （答え） 60°

3 ① 頂点F ② 辺ED

4 ① 偶数 ② 1，2，3，4，6，8，12，24
③ ㋐36 ㋑6

5 30 cm

アドバイス **2**の①は，二等辺三角形です。二等辺三角形は2つの角の大きさが等しいので，残りの角は65°です。

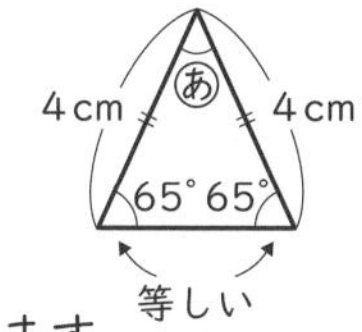

5は，6と10の最小公倍数を考えます。

16 平《へい》 均《きん》　(17ページ)

1 (式) (6+5+12+9)÷4=8　(答え) 8 cm

2 (式) (9+4+8+0+6)÷5=5.4　(答え) 5.4人

3 ①(式) 14×7=98　(答え) 98ページ
②(式) 350÷14=25　(答え) 25日

4 (式) A (16+24+20+19+17)÷5=19.2
(式) B (15+17+18+21+23+14)÷6
=18　(答え) Aはん

5 (式) 19×6+14×9=240　6+9=15
240÷15=16　(答え) 16個《こ》

6 (式) $0.64\times418=2\overset{7}{\cancel{6}}\cancel{7.52}$　(答え) 約270 m

アドバイス **3**の①は，平均《へいきん》=合計÷個数で求めることができるので，合計=平均×個数で求められます。②は，個数=合計÷平均で求められます。
5は，(19+14)÷2=16.5と求めるまちがいをしやすいので，注意しましょう。まず，おとなと子どもがひろったくりの個数の合計を求め，その個数を，おとなと子どもの人数の合計でわります。

17 単位量あたりの大きさ　(18ページ)

1 (式) A　14÷10=1.4
B　21÷14=1.5　(答え) Bのすな場

2 ①(式) 東市　$119800\div94=1\overset{3}{\cancel{2}}\cancel{74.4}\cdots$
西市　$162400\div143=11\cancel{35.6}\cdots$
(答え) 東市 約1300人，西市 約1100人
②東市

3 (式) A　560÷35=16
B　630÷45=14　(答え) Aの自動車

4 (式) 344÷8=43　276÷6=46
(答え) 6個で276円の消しゴム

5 ①(式) 求める畑の面積を□ m^2とすると，
0.3×□=6
□=6÷0.3=20　(答え) 20 m^2
②(式) 0.3×150=45　(答え) 45 kg

アドバイス **2**は，人口密度は1 km^2あたりの人口なので，人口÷面積(km^2)で求めます。
3では，1 Lあたりに走る道のりを考えるので，道のりをわられる数，ガソリンの使用量をわる数として計算します。

18 速 さ　(19ページ)

1 ①(式) 260÷4=65　(答え) 時速65 km
②(式) 4500÷25=180　(答え) 分速180 m
③(式) 780÷15=52　(答え) 秒速52 m

2 ①(式) 45÷60=0.75
0.75 km=750 m　(答え) 分速750 m
②(式) 750÷60=12.5　(答え) 秒速12.5 m

3 ①(式) 1.5×20=30　(答え) 30 km
②(式) 135÷1.5=90　90分=1時間30分
(答え) 1時間30分

4 (式) A　32÷4=8
B　90÷15=6　(答え) Aのプリンター

5 (式) 340×4=1360　(答え) 約1360 m

アドバイス **2**で，時速を分速に，分速を秒速になおすには，それぞれ，時速÷60，分速÷60を計算します。
3の②は，求める時間を□分として，1.5×□=135と表し，□=135÷1.5=90と求めることもできます。

19 分数と小数　(20ページ)

1 ①$\frac{1}{5}$　②$\frac{7}{10}$　③$\frac{8}{3}\left(2\frac{2}{3}\right)$　④$\frac{25}{19}\left(1\frac{6}{19}\right)$

2 ①8　②7　③4　④18

3 ①(式) 8÷5=$\frac{8}{5}$　(答え) $\frac{8}{5}$倍$\left(1\frac{3}{5}倍\right)$
②(式) 6÷7=$\frac{6}{7}$　(答え) $\frac{6}{7}$倍
③(式) 4÷15=$\frac{4}{15}$　(答え) $\frac{4}{15}$倍

4 ①0.8　②0.15　③1.75
④3　⑤0.29　⑥1.73

5 ①$\frac{9}{10}$　②$\frac{43}{100}$　③$\frac{107}{100}\left(1\frac{7}{100}\right)$
④$\frac{51}{1000}$　⑤$\frac{8}{1}$　⑥$\frac{15}{1}$

6 ①>　②<　③>　④>

アドバイス わり算を分数で表すときは，□÷△=$\frac{□}{△}$となります。
6は，分数を小数になおして，大きさを比《くら》べましょう。

20 通分と約分　(21ページ)

1 ①$\frac{2}{5}=\frac{\boxed{4}}{10}=\frac{\boxed{6}}{15}$　②$\frac{3}{8}=\frac{\boxed{15}}{40}=\frac{24}{\boxed{64}}$
③$\frac{12}{18}=\frac{6}{\boxed{9}}=\frac{\boxed{2}}{3}$　④$\frac{10}{16}=\frac{\boxed{5}}{8}=\frac{25}{\boxed{40}}$

2 ①$\frac{8}{14}$，$\frac{12}{21}$，$\frac{16}{28}$　②$\frac{5}{6}$，$\frac{15}{18}$，$\frac{20}{24}$，$\frac{25}{30}$

3 ①$\frac{1}{3}$　②$\frac{8}{9}$　③$\frac{5}{7}$　④$\frac{4}{5}$　⑤$\frac{4}{3}$　⑥$\frac{3}{2}$

4 ①$\frac{7}{28}$，$\frac{16}{28}$　②$\frac{5}{9}$，$\frac{6}{9}$　③$\frac{20}{24}$，$\frac{9}{24}$
④$\frac{21}{30}$，$\frac{8}{30}$　⑤$\frac{12}{16}$，$\frac{9}{16}$　⑥$\frac{20}{72}$，$\frac{63}{72}$
⑦$\frac{35}{60}$，$\frac{9}{60}$　⑧$\frac{18}{24}$，$\frac{15}{24}$，$\frac{22}{24}$

5 ①$\frac{5}{9}$ m　②$\frac{7}{8}$ kg

アドバイス 分数は，分母と分子に同じ数をかけても，同じ数でわっても，大きさは同じです。
5は，通分すれば，分子の大きいほうが大きい分数だとわかります。

21 分数のたし算　(22ページ)

1 ①$\frac{19}{35}$　②$\frac{11}{12}$　③$\frac{4}{5}$　④$\frac{23}{24}$　⑤$\frac{2}{3}$
⑥$\frac{59}{40}\left(1\frac{19}{40}\right)$　⑦$\frac{23}{18}\left(1\frac{5}{18}\right)$　⑧$\frac{6}{5}\left(1\frac{1}{5}\right)$
⑨$\frac{37}{42}$　⑩$\frac{31}{30}\left(1\frac{1}{30}\right)$

2 ① $2\frac{17}{35}\left(\frac{87}{35}\right)$　② $4\frac{9}{20}\left(\frac{89}{20}\right)$
③ $4\frac{1}{4}\left(\frac{17}{4}\right)$　④ $2\frac{1}{6}\left(\frac{13}{6}\right)$

3 （式）$\frac{2}{7}+\frac{3}{4}=\frac{29}{28}$　（答え）$\frac{29}{28}$ L $\left(1\frac{1}{28}\text{ L}\right)$

4 （式）$\frac{5}{18}+\frac{8}{9}=\frac{7}{6}$　（答え）$\frac{7}{6}$ kg $\left(1\frac{1}{6}\text{ kg}\right)$

アドバイス 2のような帯分数のたし算では，整数と分数に分けて計算するしかた（㋐）と，帯分数を仮《か》分数《ぶんすう》になおして計算するしかた（㋑）があります。たとえば，②を㋐と㋑のしかたで計算すると，次のようになります。

㋐➡ $1\frac{3}{4}+2\frac{7}{10}=1\frac{15}{20}+2\frac{14}{20}=3\frac{29}{20}=4\frac{9}{20}$
（$1+2$ → 3，$\frac{15}{20}+\frac{14}{20}$ → $\frac{29}{20}$）

㋑➡ $1\frac{3}{4}+2\frac{7}{10}=\frac{7}{4}+\frac{27}{10}=\frac{35}{20}+\frac{54}{20}=\frac{89}{20}$

22 分数のひき算 （23ページ）

1 ① $\frac{1}{10}$　② $\frac{7}{18}$　③ $\frac{5}{24}$　④ $\frac{7}{48}$　⑤ $\frac{3}{10}$
⑥ $\frac{8}{15}$　⑦ $\frac{31}{40}$　⑧ $\frac{4}{5}$　⑨ $\frac{6}{7}$　⑩ $\frac{7}{12}$

2 ① $\frac{17}{35}$　② $1\frac{7}{12}\left(\frac{19}{12}\right)$　③ $\frac{3}{5}$　④ $1\frac{11}{15}\left(\frac{26}{15}\right)$

3 （式）$\frac{4}{5}-\frac{5}{8}=\frac{7}{40}$
（答え）妹のリボンが $\frac{7}{40}$ m長い。

4 （式）$\frac{5}{3}-\frac{11}{12}=\frac{3}{4}$　（答え）$\frac{3}{4}$ kg

アドバイス 2の帯分数のひき算も，「21 分数のたし算」のアドバイスで説明したように，2通りの計算のしかたがあります。たとえば，③では，次のようになります。

㋐➡ $2\frac{4}{15}-1\frac{2}{3}=2\frac{4}{15}-1\frac{10}{15}=1\frac{19}{15}-1\frac{10}{15}$
$=\frac{9}{15}=\frac{3}{5}$　（$2\frac{4}{15}$ → $\left(1+1\frac{4}{15}\right)$ → $1\frac{19}{15}$）

㋑➡ $2\frac{4}{15}-1\frac{2}{3}=\frac{34}{15}-\frac{5}{3}=\frac{34}{15}-\frac{25}{15}=\frac{9}{15}=\frac{3}{5}$

23 分数のたし算とひき算 （24ページ）

1 ① $\frac{55}{42}\left(1\frac{13}{42}\right)$　② $\frac{17}{15}\left(1\frac{2}{15}\right)$　③ $\frac{1}{6}$　④ $\frac{5}{24}$
⑤ $\frac{1}{6}$　⑥ $\frac{13}{24}$　⑦ $\frac{11}{14}$　⑧ $\frac{56}{45}\left(1\frac{11}{45}\right)$

2 （式）$\frac{3}{8}+\frac{1}{3}+\frac{5}{6}=\frac{37}{24}$
（答え）$\frac{37}{24}$ kg $\left(1\frac{13}{24}\text{ kg}\right)$

3 （式）$\frac{7}{6}-\frac{1}{4}-\frac{3}{20}=\frac{23}{30}$　（答え）$\frac{23}{30}$ L

4 ① $\frac{19}{20}$　② $\frac{1}{3}$　③ $\frac{13}{36}$　④ $\frac{1}{24}$

アドバイス 4では，分母を①は60，②は60，③は36，④は120で通分することができます。一度に通分することがむずかしい場合は，左から順に計算してもかまいません。

24 分数と小数の計算，時間と分数 （25ページ）

1 ① $\frac{16}{15}\left(1\frac{1}{15}\right)$　② $\frac{17}{14}\left(1\frac{3}{14}\right)$　③ $\frac{17}{12}\left(1\frac{5}{12}\right)$
④ $\frac{6}{5}\left(1\frac{1}{5}\right)$　⑤ $\frac{1}{8}$　⑥ $\frac{7}{45}$
⑦ $\frac{1}{12}$　⑧ $\frac{7}{24}$　⑨ $3\frac{1}{5}\left(\frac{16}{5}\right)$
⑩ $2\frac{17}{24}\left(\frac{65}{24}\right)$

2 ① $\frac{1}{2}$　② $\frac{1}{4}$　③ $\frac{1}{3}$　④ $\frac{1}{6}$　⑤ $\frac{1}{12}$　⑥ $\frac{1}{60}$
⑦ $\frac{5}{12}$　⑧ $\frac{3}{5}$　⑨ $\frac{3}{2}\left(1\frac{1}{2}\right)$　⑩ $\frac{5}{3}\left(1\frac{2}{3}\right)$

アドバイス 1のような分数と小数のまじったたし算，ひき算では，小数にそろえて計算するよりも，分数にそろえて計算したほうが，いつでも正確《せいかく》な答えを求めることができます。

2の①では，1時間は60分なので，30分は1時間を60等分した30個《こ》分だから，$\frac{30}{60}$ 時間と表します。約分ができるときはわすれずにしましょう。

25 確認《かくにん》テスト③ （26ページ）

1 （式）A （2+0+3+1+4+2）÷6=2
B （2+2+1+4+3）÷5=2.4
（答え）Bチーム

2 （式）73620÷82=8~~97.8~~…
（答え）約900人

3 ① （式）36÷60=0.6
0.6 km=600 m　（答え）分速600 m
② （式）90÷36=2.5　（答え）2.5 時間

4 ① >　② <

5 ① $\frac{17}{15}\left(1\frac{2}{15}\right)$　② $\frac{17}{18}$　③ $\frac{7}{6}\left(1\frac{1}{6}\right)$　④ $\frac{1}{8}$

6 ① （式）$1\frac{2}{15}+\frac{7}{10}=1\frac{5}{6}$
（答え）$1\frac{5}{6}$ kg $\left(\frac{11}{6}\text{ kg}\right)$
② （式）$1\frac{2}{15}-\frac{7}{10}=\frac{13}{30}$　（答え）$\frac{13}{30}$ kg

アドバイス 1は，得点が0の試合も個《こ》数として数えるので，Aチームの平均《へいきん》は，得点の合計を6でわって求めます。

26 平行四辺形と三角形の面積 （27ページ）

1 ① （式）7×4=28　（答え）28 cm^2
② （式）6×2.5=15　（答え）15 cm^2
③ （式）8×7=56　（答え）56 cm^2

2 ① （式）10×6÷2=30　（答え）30 cm^2
② （式）7×16÷2=56　（答え）56 cm^2

3 ①8，12，16，20，24，28
②□×4=○　③26　④13

4 3倍

アドバイス 平行四辺形や三角形の高さを図形の外にとることもあります。1の③の10 cmや，2の②の5 cmは図形の外にあるので，底辺ではありません。

4では，㋐と㋑の三角形は高さが等しく，底辺の長さは，あがいの3倍（18÷6=3）なので，面積も，あがいの3倍になります。

27 いろいろな形の面積　（28ページ）

1 ①（式）(2+6)×4÷2=16　（答え）16 cm^2
②（式）(3×2)×8÷2=24　（答え）24 cm^2

2 ①（式）8×3÷2+8×2÷2=20
（答え）20 cm^2
②（式）6×4÷2+6×5÷2=27
（答え）27 cm^2

3（式）7×4÷2+7×2÷2=21
［または，6×7−2×4÷2−4×2÷2−3×2÷2−5×4÷2=21］
（答え）21 cm^2

4 ①（式）(4+5)×(4+2)÷2−(4+5)×2÷2=18
〔または，4×4÷2+4×5÷2=18〕
（答え）18 cm^2
②（式）7×10−10×3÷2−4×(7−3)÷2=47
［または，(10−4)×(7−3)÷2+7×10÷2=47］
（答え）47 cm^2
③（式）6×(9−2)=42　（答え）42 cm^2

アドバイス **2**では，四角形を対角線で2つの三角形に分けて求めます。

4の③は，色がついていない部分を取り去り，色がついている部分をつなぐと，たてが6 cm，横が(9−2) cmの長方形になります。

28 正多角形と円　（29ページ）

1 ①○　②×　③○　④○　⑤×　⑥○　⑦×　⑧○

2 ①（例）

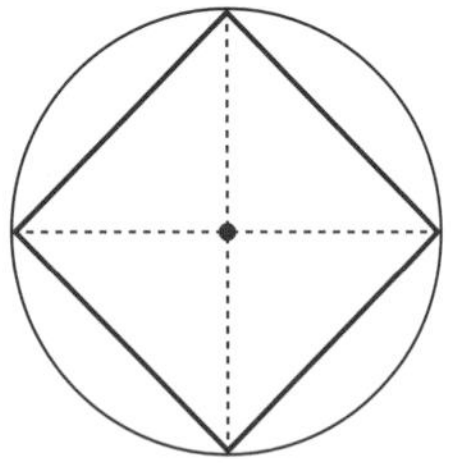

②（例）

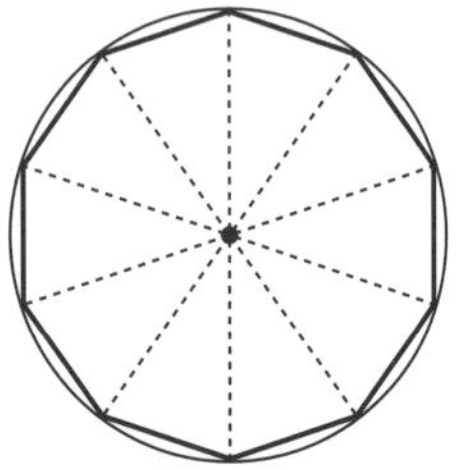

※**2**の図は，実際《じっさい》の長さとはちがっています。

3 ①正八角形　②45°　③67.5°　④135°

4 ①正六角形　②正三角形

アドバイス **1**で，辺の長さがすべて等しく，角の大きさもすべて等しい多角形を，正多角形といいます。

2の②は，円の中心のまわりの角を，360°÷10=36°ずつに区切って半径をかき，半径のはしを順に直線で結びます。

3の②は，360°を8等分した角です。③は，半径と正多角形の辺で囲まれた三角形は，半径の長さが等しいので，二等辺三角形になるから，(180°−45°)÷2で求められます。④は，③で求めた角度の2倍です。

4の①は，できた辺の長さは，すべて等しくなります。②は，右の図のように，円の中心のまわりを3等分した形になります。

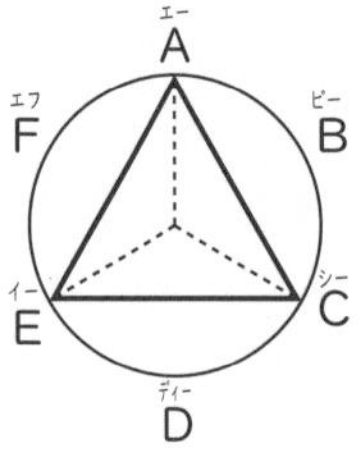

29 円のまわりの長さ　（30ページ）

1 ①（式）5×3.14=15.7　（答え）15.7 cm
②（式）3×2×3.14=18.84
（答え）18.84 cm
③（式）12×3.14=37.68
（答え）37.68 cm
④（式）7.5×2×3.14=47.1
（答え）47.1 cm

2（式）10×2×3.14÷2=31.4
10×3.14÷2×2=31.4
31.4+31.4=62.8　（答え）62.8 cm

3（式）2 m=200 cm
200÷3.14=63.~~69~~…（7）
（答え）約63.7 cm

4（式）157÷3.14÷2=25　（答え）約25 m

5 ①3.14 cm　②3倍　③7倍

アドバイス **3**，**4**は，求める答えを□として，円周の長さを求める公式にあてはめて，□にあてはまる数を求めることもできます。

30 割合《わりあい》と百分率《ひゃくぶんりつ》　（31ページ）

1 ①（式）8÷10=0.8　（答え）0.8
②（式）12÷16=0.75　（答え）0.75
③Aチーム

2 ①（式）18÷150=0.12　（答え）0.12
②（式）45÷18=2.5　（答え）2.5

3 ①37%　②20%　③8%　④40.1%
⑤110%　⑥500%　⑦0.42　⑧0.7
⑨0.09　⑩1.8　⑪2.06　⑫0.053

4 ①25%　②340%　③510 m　④65円

アドバイス 割合《わりあい》=比《くら》べられる量÷もとにする量で求めます。

4の③は，750×0.68=510(m)，④は，50×1.3=65(円)と求められます。

31 百分率《ひゃくぶんりつ》の問題　（32ページ）

1（式）160×0.65=104　（答え）104 mL

2（式）50×1.1=55　（答え）55人

3 （式）へい全体の面積を□ m^2とすると，
□×0.4=18　□=18÷0.4=45
（答え）45 m^2

4 （式）南川小の5年生の人数を□人とすると，
□×1.3=156　□=156÷1.3=120
（答え）120人

5 （式）2600×(1−0.25)=1950
（答え）1950円

6 （式）460×(1+0.25)=575
（答え）575円

7 （式）1+0.06=1.06
昨年度の児童数を□人とすると，
□×1.06=689
□=689÷1.06=650　（答え）650人

8 （式）1−0.4=0.6
コース全体の道のりを□ kmとすると，
□×0.6=12　□=12÷0.6=20
（答え）20 km

アドバイス **5**は，代金は定価《ていか》の（1−0.25）倍になっています。
6は，利益《りえき》を加えた代金は，460円の（1+0.25）倍になっています。
7は，今年度の児童数が昨年度の児童数の（1+0.06）倍になっています。
8は，今までに歩いた道のりが，コース全体の道のりの（1−0.4）倍になっています。

32 割合《わりあい》を表すグラフ　（33ページ）

1 ①長野県…14%　岡山県…7%　②約$\frac{1}{4}$
2 ①27%　②約5倍　③2.7 km^2
3 ①29，24，18，13，16

②　けがの種類別の割合《わりあい》

③　けがの種類別の割合

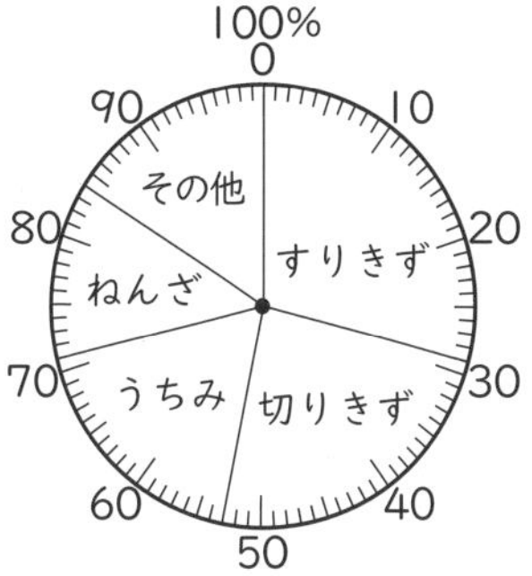

アドバイス **3**の①では，それぞれの人数を合計の人数でわって割合を求めます。②，③では，割合の大きい順にグラフを区切ります。ふつう，その他は最後にします。

33 角柱と円柱　（34ページ）

1 ①円柱　②五角柱　③三角柱
2 ①㋐四角形　㋑長方形　②2つ　③4つ
3 ①円　②㋑
4 （例）

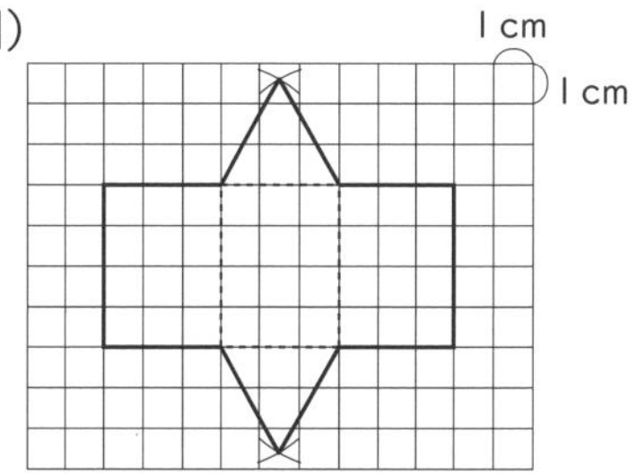

5 ①側面　②12.56 cm
6 ①三角すい　②四角すい　③円すい

アドバイス **5**の問題の図は円柱の展開図《てんかいず》です。②では，辺AB《エービー》の長さは，底面の円のまわりの長さに等しいので，4×3.14=12.56(cm)
6は，①，②のような立体を角すい，③のような立体を円すいといいます。角すいや円すいでは，底面は1つです。

34 2つの関係を表す式　（35ページ）

1 ①×，+　②○=150×□+200
③㋐500　㋑650　㋒800　㋓950
④150ずつ増える。
2 ①○=□×6
②㋐12　㋑18　㋒24
③6，2，3

アドバイス **1**の①は，代金は花のねだんと花かご代の合計で求められます。花のねだんは，花1本のねだん×本数　です。
2の①は，ことばの式に表すと，全体の本数=1辺の本数×辺の数　です。

35 比《ひ》　例《れい》　（36ページ）

1 ①○　②○　③×　④×　⑤×　⑥○
2 ㋑，㋓
3 ①比例《ひれい》する。　②3　③27 cm　④10 L
4 ㋐9　㋑24　㋒15　㋓36

アドバイス □が2倍，3倍，…になると，○も2倍，3倍，…になるとき，○は□に比例するといいます。
1の③は，ある人の年れいが2倍になっても，体重は2倍にはならないので，年れいと体重は比例しません。④は，正方形の1辺の長さが2倍になると面積は4倍になるので，比例しません。⑤は，ことばの式に表すと，残りの道のり=家から駅までの道のり−歩いた道のり　となるので，比例しません。
2の㋓は□が4から8の2倍になると，○は10から20の2倍になり，□が4から12の3倍になると，

○は10から30の3倍になるので，比例します。

3の②は，つねに，○÷□=3になっているので，○=3×□の式になります。

36 変わり方のきまり　（37ページ）

1 ①3，6，10　②21まい　③9だん

2 ①9，18，30　②84本

3 ①6，8，10　②2 cm

③（式）4，2，10，22　（答え）22 cm

④○=4+2×(□−1)

⑤（式）4+2×(20−1)=42　（答え）42 cm

アドバイス **1**の②，③は，色板のまい数の増《ふ》え方が右のようになっていることから考えます。

1　3　6　10
+2　+3　+4
色板のまい数の増え方

2の①で，だんの数が4だんのときのひごの数は，だんの数が3だんのときのひごの数に，三角形4つ分のひごの数をたして考えます。②では，5だん，6だん，7だんとひごの数を順に考えます。

3の③は，正方形の数が1個《こ》のときのまわりの長さが4 cmで，そのあとは1個増えるごとに2 cmずつ増えるから，式は4+2×(10−1)になります。

37 きまりを見つけて　（38ページ）

1 ①

2月	3月	4月
1600	1700	1800
600	900	1200
1000	800	600

②200円

③7月

④9月

2月	3月	4月
1600	1700	1800
600	900	1200
2200	2600	3000

2 ①

6月5日	6月6日	6月7日	6月8日
60	72	84	96
15	30	45	60
45	42	39	36

②6月20日

3 27分後

1分後	2分後	3分後
72	84	96
8	16	24
80	100	120

アドバイス **1**の④は，2人の貯金《ちょきん》の合計が，1月《ひとつき》ごとに400円ずつ増《ふ》えます。4月の合計が3000円で，5000円まであと2000円です。2000円増えるのにかかる月数は，2000÷400=5（か月）だから，4月の5か月後になります。

2の②は，2人の読んだページ数の差が，1日に3ページずつちぢまります。48÷3=16（日）だから，4日の16日後になります。

3は2つのポンプから入れた水の量の和が，1分間に20 Lずつ増えることから考えます。

38 確認《かくにん》テスト④　（39ページ）

1 ①（式）15×9=135　（答え）135 cm^2

②（式）8×7÷2=28　（答え）28 m^2

2 あ72°　い108°

3 ①10%　②0.06　③1.2

4 ①1つ　②3本

5 （式）6×(4+3)÷2−6×3÷2=12

（答え）12 cm^2

6 （式）中身が増える前の量を□ mLとすると，

□×(1+0.25)=600

□×1.25=600

□=600÷1.25

=480　（答え）480 mL

7 ①

直径(cm)	1	2	3	…	20
円周(cm)	3.14	6.28	9.42	…	62.8

②○=□×3.14

③31.4 cm

アドバイス **5**は，底辺が6 cmで高さが（4+3）cmの三角形の面積から，底辺が6 cmで高さが3 cmの三角形の面積をひいて求めます。

6は，中身が増《ふ》える前の量がもとにする量，600 m Lが比《くら》べられる量とすると，600 m Lの割合《わりあい》は(1+0.25)です。

7の③は，①の表から直径が1 cm増えるごとに円周の長さは3.14 cmずつ増えることがわかります。だから，直径が23−13=10(cm）増えると，円周の長さは3.14×10(cm）だけ増えると考えると，かんたんな計算で求めることができます。

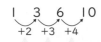

英　語

1 自己紹介《じこしょうかい》をしよう！　(40ページ)

2 ①name　②meet
3 ①カホが好きな果物
（ ブドウ ／ オレンジ ／ モモ ）
②ジョージが好きなスポーツ
（ 野球 ／ サッカー ／ 卓球《たっきゅう》 ）

読まれた音声
3 ①Hello, I'm Kaho. I like grapes.
②Hi, I'm George. I like soccer.

アドバイス 2 「はじめまして。」はNice to meet you.と言います。応《おう》じるときはNice to meet you, too.「こちらこそはじめまして。」と言います。
3 ①grapes「ブドウ」 ②Hi.「やあ。」, soccer「サッカー」

2 誕生日《たんじょうび》はいつ？　(41ページ)

2 ①When　②August
3 ①ぼくの誕生日は（ 6月7日 ／ 7月17日 ）です。
②わたしの誕生日は（ 9月15日 ／ 10月25日 ）です。
③ぼくは（ 新しいペン ／ 新しい筆箱 ）がほしいです。
④わたしは（ 黒色のかばん ／ 茶色のスカート ）がほしいです。

読まれた音声
3 ①A : When is your birthday?
B : My birthday is June 7th.
②A : When is your birthday?
B : My birthday is October 25th.
③A : What do you want for your birthday?
B : I want a new pencil case.
④A : What do you want for your birthday?
B : I want a black bag.

アドバイス 2 ②August 3rd「8月3日」
3 June「6月」とJuly「7月」は似《に》ているので，まちがえないようにしましょう。また，最後にberがつくSeptember「9月」，October「10月」，November「11月」，December「12月」はまとめて覚えるとよいでしょう。 ①June 7th「6月7日」 ②October 25th「10月25日」 ③a new pencil case「新しい筆箱」 ④a black bag「黒色のかばん」

3 好きなものは何？　(42ページ)

2 ①ア　②エ
3 ①イ　②ア

読まれた音声
3 ①A : What subject do you like?
B : I like science.
②A : Do you like basketball?
B : Yes, I do.

アドバイス 2 Do you ～?とたずねられたら，Yes(, I do).かNo(, I don't).で答え，What(…) do you ～?とたずねられたら，具体的に答えます。(…) にはsubjectsのように最後にsがついた形（複数形《ふくすうけい》）が入ることもあります。
①Japanese「国語（日本語）」 ②blue「青色」
3 ①science「理科」 ②basketball「バスケットボール」

4 できることやできないことを言おう！　(43ページ)

2 ①jump　②swim
3 ①ウ　②イ

読まれた音声
3 ①ア I can skate well.
イ I can dance well.
ウ I can sing well.
②ア I can't play soccer well.
イ I can't play the guitar well.
ウ I can't run fast.

アドバイス 2 ①jump high「高く飛ぶ」 ②swim「泳ぐ」
3 I can ～.は「～することができます。」，I can't ～.は「～することができません。」という意味です。ちがいに注意して聞き分けましょう。
①skate「スケートをする」，dance「おどる」，sing「歌う」 ②play soccer「サッカーをする」，play the guitar「ギターを演奏《えんそう》する」，run fast「速く走る」

5 あこがれの人はだれ？　(44ページ)

2 ①Who　②brother
3 ①こちらはわたしの（ 母 ／ 祖母《そぼ》 ）です。
②ぼくのヒーローはぼくの（ 兄 ／ 姉 ）です。
③こちらはわたしの（ 祖父《そふ》 ／ 父 ）です。
④ヒーローである兄は（ 野球 ／ サッカー ）が

得意《とくい》です。

読まれた音声

3 ①A : Who is this?
B : This is my mother.
②A : Who is your hero?
B : My hero is my sister.
③A : Who is this?
B : This is my father.
④My hero is my brother. He is good at soccer.

アドバイス **2** brother「兄［弟］」，mother「母親」，when「いつ」
3 He is good at ～.は「かれは～が得意《とくい》です。」という意味です。 ④soccer「サッカー」

6 行きたい国はどこ？ （45ページ）

2 ①India ②eat
3 ①行きたい国：イ，その国でしたいこと：カ
②行きたい国：ア，その国でしたいこと：オ

読まれた音声

3 ①A : Where do you want to go, Sophia?
B : I want to go to France. I want to buy chocolate.
②A : Where do you want to go, Takeru?
B : I want to go to Spain. I want to watch soccer games.

アドバイス **2** I want to go to ～.は「わたしは～に行きたいです。」という意味です。India「インド」，eat「食べる」，Italy「イタリア」，drink「飲む」
3 Where ～?とたずねられたら，具体的な場所を答えます。 ①France「フランス」，buy chocolate「チョコレートを買う」 ②Spain「スペイン」，watch soccer games「サッカーの試合を見る」

7 時間割《じかんわり》について話そう！ （46ページ）

2 ①エ ②イ
3 ①マキは（ 火曜日 / 木曜日 ）に国語があります。
②シンジは土曜日に（ 英語 / 社会 ）を勉強します。
③ポールは金曜日に（ 書道 / 体育 ）があります。

読まれた音声

3 ①A : Maki, what do you have on Tuesdays?
B : I have Japanese on Tuesdays.
②A : Shinji, what do you study on Saturdays?
B : I study social studies on Saturdays.
③A : Paul, what do you have on Fridays?
B : I have calligraphy on Fridays.

アドバイス **2** ①Thursday「木曜日」はTuesday「火曜日」とまちがえやすいので注意しましょう。曜日を書くときは大文字で始めます。music「音楽」 ②science「理科」，Wednesday「水曜日」
3 ①Tuesday「火曜日」，Japanese「国語［日本語］」 ②Saturday「土曜日」，social studies「社会」 ③Friday「金曜日」，calligraphy「書道」

8 確認《かくにん》テスト① （47ページ）

1 ①name ②Who ③can't ④have ⑤What
2 ①ウ ②イ ③オ
3 ①11(月)12(日) ②社会 ③メキシコ ④母(親)

読まれた音声

3 A : When is your birthday, Lily?
B : My birthday is November 12th.
A : What subject do you like?
B : I like social studies.
A : Where do you want to go?
B : I want to go to Mexico.
A : Who is your hero?
B : My hero is my mother.

アドバイス **2** book「本」，shirt「シャツ」
3 音声を聞く前にメモを見ておき，どのような文が読まれるのか予想しておくとよいでしょう。①November 12th「11月12日」 ③Mexico「メキシコ」

9 食べ物を注文しよう！ （48ページ）

2 ①I'd ②much
3 ①注文したもの：イ，金額《きんがく》：オ
②注文したもの：ウ，金額：エ

読まれた音声

3 ①A : What would you like?

B : I'd like a hot dog, please. How much is it?
A : It's 400 yen.
②A : What would you like?
B : I'd like a salad, please. How much is it?
A : It's 300 yen.

アドバイス 2 ①I'dはI wouldを短くした言い方です。I'd like ～.「わたしは～がほしいです。」はI want ～.よりていねいな言い方です。hamburger「ハンバーガー」 ②juice「ジュース」
3 ①hot dog「ホットドッグ」 ②salad「サラダ」

10 さがしものはどこ？ (49ページ)

2 ①質問《しつもん》 : Where is the cup?
答え : It's (by / on) the table.
②質問 : Where is the dog?
答え : It's (under / in) the chair.
3 ①○ ②×

読まれた音声
3 ①A : Where is the pencil?
B : It's by the notebook.
②A : Where is my watch?
B : It's under the box.

アドバイス 2 ①cup「カップ」 ②dog「イヌ」, chair「いす」
3 「(それは)～です。」はIt's ～.と言います。by ～は「～のそばに」, under ～は「～の下に」という意味です。 ①pencil「えん筆」, notebook「ノート」 ②watch「うで時計」, box「箱」

11 道案内をしよう！ (50ページ)

2 ①right ②Go
3 ①ア ②イ

読まれた音声
3 ①A : Where is the post office?
B : Turn left at the second corner. You can see it on your right.
②A : Where is the bookstore?
B : Go straight. You can see it on your right.

アドバイス 2 ①hospital「病院」
3 場所をたずねるときは, Where is ～?「～はどこですか。」と言います。Where isはWhere'sと言うこともできます。 ①post office「郵便《ゆうびん》局《きょく》」, second corner「2つ目の角」 ②bookstore「書店」

12 一日の生活を説明しよう！ (51ページ)

2 ①ウ ②エ ③イ
3 ①わたしは7時に（ 家を出 / 朝食を食べ ）ます。
②わたしは（ 6時 / 7時 ）にお風呂《ふろ》に入ります。
③わたしは（ 9時 / 10時 ）にねます。

読まれた音声
3 ①A : What time do you eat breakfast?
B : I usually eat breakfast at seven.
②A : Do you take a bath at six?
B : Yes, I do.
③A : What time do you go to bed?
B : I usually go to bed at nine.

アドバイス 2 ①get up at seven「7時に起きる」 ②eat lunch at twelve「12時に昼食を食べる」 ③take a bath at nine「9時におふろに入る」
3 時刻《じこく》をたずねるときは, What timeで文を始めます。「～時に」と言うときはatのあとに時刻を続けます。 ③at nine「9時に」

13 ほしいものは何？ (52ページ)

2 ①ア ②イ
3 ①カナ ②ベン ③タク

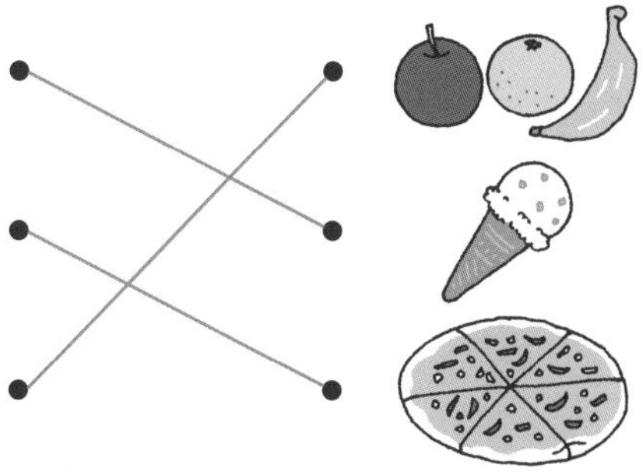

読まれた音声
3 ①A : Do you want ice cream, Kana?
B : Yes. Thank you.
②A : What do you want for dinner, Ben?
B : I want pizza.
③A : What do you want for breakfast, Taku?
B : I want fruits.

アドバイス 2　Do you want 〜?は「あなたは〜がほしいですか。」, What do you want for 〜?は「あなたは〜に何がほしいですか。」という意味です。　①curry and rice「カレーライス」②No, I don't.「いいえ，ほしくありません。」
3　①ice cream「アイスクリーム」　②pizza「ピザ」　③fruit「フルーツ」

14 したいことを話そう！　(53ページ)

2　①エ　②ア
3　①勉強したいこと：ア，なりたい職業《しょくぎょう》：ウ
　②勉強したいこと：イ，なりたい職業：エ

読まれた音声
3　①A : What do you want to study, Akira?
　B : I want to study P.E. I want to be a police officer.
②A : What do you want to study, Emma?
　B : I want to study math. I want to be a doctor.

アドバイス 2　①singer「歌手」　②florist「花屋」
3　What do you want to study?は「あなたは何を勉強したいですか。」という意味です。答えるときは，I want to study 〜.「わたしは〜を勉強したいです。」などの文を使って，勉強したい内容《ないよう》を具体的に言います。　①police officer「警察《けいさつ》官《かん》」　②doctor「医者」

15 季節の行事について話そう！　(54ページ)

2　①ウ　②イ
3　①エ　②ア

読まれた音声
3　①A : What do you do in summer?
　B : I usually go to summer festivals.
②A : What do you do in fall?
　B : We see the moon and eat *dango*.

アドバイス 2　We usually play 〜.は「わたしたちはふつう，〜をします。」, We have 〜 in ….は「わたしたちは…に〜があります。」という意味です。①Christmas「クリスマス」, December「12月」②Dolls' Festival「ひな祭り」, March「3月」
3　①summer「夏」, summer festival「夏祭り」　②fall「秋」, see the moon「月を見る」, *dango*「団子《だんご》」

16 確認《かくにん》テスト②　(55ページ)

1　①like　②time　③right　④want　⑤be
2　①質問《しつもん》：Where is the school?
　答え：Turn (left / right) at the corner.
②質問：Where is the dog?
　答え：It's (by / on) the bed.
③質問：What do you do for Christmas?
　答え：I (eat / read) fried chicken.
3　①イ　②ウ　③イ

読まれた音声
3　①ア　I usually get up at six fifty.
　イ　I usually get up at seven fifteen.
　ウ　I usually get up at seven forty.
②ア　This soup is 380 yen.
　イ　This sandwich is 250 yen.
　ウ　This sandwich is 380 yen.
③ア　I want a guitar.
　イ　I want to play the piano.
　ウ　I want to be a nurse.

アドバイス 1　⑤「あなたは何になりたいですか。」とたずねるときは，What do you want to be?と言います。答えるときは，I want to be〜.「わたしは〜になりたいです。」の文で，なりたい職《しょく》業《ぎょう》を伝えます。
2　②bed「ベッド」　③read「読む」
3　①six fifty「6時50分」, seven fifteen「7時15分」, seven forty「7時40分」　②soup「スープ」, sandwich「サンドイッチ」　③piano「ピアノ」, nurse「看護師《かんごし》」

社会

1 日本の国土とくらし① (56ページ)

1 (1)Ⓐ緯線《いせん》　Ⓑ経線《けいせん》
(2)ユーラシア大陸
(3)中国(中華人民共和国《ちゅうかじんみんきょうわこく》)
(4)Ⓓ太平洋　Ⓔ日本海
(5)排他的経済水域《はいたてきけいざいすいいき》(200海里水域《かいりすいいき》)
(6)北方領土《りょうど》
(7)(あ)与那国島《よなぐにじま》　(い)南鳥島《みなみとりしま》

アドバイス (1)同じ緯度《いど》を結んだ横の線を緯線といいます。緯度は地球上での南北の位置を示すもので，赤道を0度として北を北緯《ほくい》，南を南緯《なんい》とよび，それぞれ90度まで数えます。同じ経度《けいど》を結んだたての線を経線といいます。経度は地球上での東西の位置を示します。イギリスのロンドンを通る経線を0度として，東を東経《とうけい》，西を西経《せいけい》とよび，それぞれ180度まで数えます。

2 (1)(あ)奥羽山脈《おううさんみゃく》　(い)飛驒《ひだ》山脈
(2)(う)信濃《しなの》川　(え)利根《とね》川　(お)琵琶《びわ》湖
(3)南東
(4)イ
(5)【例】冬の降水量《こうすいりょう》が多いため。

2 日本の国土とくらし② (57ページ)

1 (1)①つゆ(梅雨《ばいう》)　②台風《たいふう》
(2)①×　②×　③○

アドバイス (2)①さとうきびのさいばいは，以前よりも少なくなりましたが，日差しに強く，気温や湿度《しつど》の高い気候に合っているため，現在でも沖縄《おきなわ》の農業の中心となる作物です。②沖縄は，降水量《こうすいりょう》は多いのですが，山が少なく川も短いので水不足になやまされてきました。そのため，多くの家の屋上《おくじょう》には貯水《ちょすい》タンクが備《そな》えられています。

2 (1)3　(2)二重
(3)イ　(4)輪作《りんさく》

3 (1)【例】雪の重みで家がいたむのを防《ふせ》ぐため。
(2)イ

アドバイス (1)最近では，屋根の雪が下に落ちないようにくふうされた無落雪の家も多く見られます。

3 稲作《いなさく》がさかんな地域《ちいき》① (58ページ)

1 (1)①東北《とうほく》，㋑　②新潟《にいがた》県，㋐　③田，㋒
(2)①×　②○　③×

アドバイス (2)③中部(北陸《ほくりく》)地方の越後《えちご》平野や東北地方の庄内《しょうない》平野などは，「日本の米ぐら」といわれるほど稲作がさかんです。東京や大阪などの大都市に米を出荷しています。しかし，このことは，地図やグラフからはわかりません。

2 (1)最上《もがみ》
(2)(あ)気温(温度)　(い)日照《にっしょう》　(3)南東

アドバイス (2)東北地方の日本海側《がわ》は暖流が流れているので，寒流の流れている太平洋側より，夏の平均《へいきん》気温が高く，晴天が多いので日照時間も長くなります。

3 ①㋒　②㋐　③㋓　④㋔　⑤㋑

4 稲作《いなさく》がさかんな地域《ちいき》② (59ページ)

1 (1)7分の1(8分の1でもよい)
(2)【例】機械化が進んだため。
(3)耕地整理《こうちせいり》(ほ場整備《じょうせいび》)
(4)【例】米づくりの生産性が高まった。
(5)カントリーエレベーター
(6)農業協同組合《のうぎょうきょうどうくみあい》(ＪＡ《ジェイエー》)

アドバイス (1)稲《いね》かり・だっこくを中心に，農作業の時間が減《へ》ってきています。稲かり・だっこくにはコンバインが使われたことが大きくえいきょうしています。

2 (1)品種改良　(2)庄内《しょうない》29号(と)あきたこまち
(3)山形70号(と)東北164号
〔(2)・(3)順番はちがっていても正解。〕

アドバイス (3)山形70号は稲《いね》の高さが短く，米つぶがきれいで味がよい品種です。東北164号は収《しゅう》かく量が多く味がよい品種です。かけ合わせてできた「つや姫《ひめ》」は，味がよく稲の高さが短く収かく量の多い，人気の高い品種になりました。

3 (1)(あ)生産　(い)消費　(う)余《あま》る
(え)生産調整　(2)転作

アドバイス (1)近年，国による生産調整が見直され，米の生産量の目標を都道府県ごとに決めることをやめ，産地ごとに米の生産量が決められるようになりました。

5 畑作・畜産《ちくさん》がさかんな地域《ちいき》 (60ページ)

1 (1)1位－北海道《ほっかいどう》，イ　2位－茨城《いばらき》県，ア
3位－千葉《ちば》県，エ
(2)①(い)　②(う)　③(お)　④(あ)

アドバイス (2)①野菜を新せんなうちに早く大消費地に運ぶことができるので，東京・大阪《おおさか》・名古屋《なごや》などの大都市の近くでは，野菜づくり(近郊農業《きんこうのうぎょう》)がさかんです。②長野《ながの》・群馬《ぐんま》県の高原などでは，夏でもすずしい気候《きこう》をいかし，出荷時期をおくらせた野菜づくり(抑制《よくせい》さいばい)がさかんです。③(お)の高知《こうち》県や九州の宮崎《みやざき》県の平野では，冬でもあたたかい気候をいかした野菜づくり(促成《そくせい》さいばい)がさかんです。

2 (1)(あ)みかん　(い)ぶどう　(う)りんご
(2)①(あ)　②(い)　③(う)

3 (あ)乳牛《にゅうぎゅう》　(い)肉牛

6 確認《かくにん》テスト①　(61ページ)

1 (1)①ウ　②イ　③エ
(2)①イ　②エ
(3)①オ　②エ　③イ

アドバイス (3)りんごは，東北地方や長野《ながの》県などの，雨が少なくてすずしい地域《ちいき》でさいばいされています。山梨《やまなし》県の甲府盆地《こうふぼんち》では，ぶどうとももの さいばいがさかんで，ともに生産量日本一です。グラフ①は福島《ふくしま》県が2位なのでももと判断《はんだん》します。

2 (1)(あ)ユーラシア　(い)太平洋　(2)ウ　(3)ア

アドバイス (2)アは冬の寒さがきびしい札幌《さっぽろ》，イは年間を通じて降水量《こうすいりょう》の少ない高松《たかまつ》，エは夏に降水量が多い鹿児島《かごしま》の気候グラフです。

7 水産業がさかんな地域《ちいき》　(62ページ)

1 (1)(あ)親潮《おやしお》(千島《ちしま》海流)　(い)黒潮《くろしお》(日本海流)
(う)対馬《つしま》海流　(え)リマン海流
(2)銚子《ちょうし》港　(3)大陸だな

アドバイス (3)大陸だなには太陽の光がとどくので海そうがよく育ち，プランクトンもよく発生するため，魚が多く集まります。

2 ①イ　②ウ　③ア
3 (1)(あ)沖合《おきあい》　(い)遠洋　(う)沿岸《えんがん》　(え)養しょく
(2)①(い)　②(え)　③(あ)
4 ①○　②×　③○

アドバイス ③さいばい漁業とは，人工的にたまごをかえし，稚魚《ちぎょ》や稚貝《ちがい》まで育ててから海や川に放流し，大きくなってからとる漁業です。

8 これからの食料生産　(63ページ)

1 (1)①関東《かんとう》，(う)　②減《へ》って，(い)
③森林，(え)　④米，(あ)
(2)①×　②×　③○
2 (1)生産
(2)①㋐，米　②㋒，小麦　③㋑，野菜

アドバイス 昔に比《くら》べて，わたしたちの食生活は豊《ゆた》かになりましたが，食料自給率《りつ》の高かった米の消費が減り，輸入される食料品が増えて，日本の食料全体の自給率は低くなっています。

3 (1)トレーサビリティ
(2)地産地消

9 日本の工業①　(64ページ)

1 (1)①手　②役立つ(必要な)
(2)①オ　②ウ　③ア　④イ
2 (1)機械工業　(2)せんい工業
3 (1)中京《ちゅうきょう》工業地帯　(2)北九州《きたきゅうしゅう》工業地帯(地域《ちいき》)
(3)中京工業地帯　(4)京葉《けいよう》工業地域
(5)太平洋ベルト

アドバイス (1)・(3)中京工業地帯は，自動車を中心とする機械工業のわりあいがとくに大きくなっています。1970年代ころから自動車工業の発展とともに生産額《がく》をのばしてきました。(2)北九州工業地帯(地域)は，鉄鋼業《てっこうぎょう》を中心に発展《はってん》してきましたが，第二次世界大戦後，地位が大きく低下しました。近年は機械工業のわりあいが高くなっています。

10 日本の工業②　(65ページ)

1 (1)①鉄鉱石《てっこうせき》(石炭)　②石炭(鉄鉱石)
③輸出
(2)イ
(3)石油化学コンビナート
(4)パイプライン
(5)①ウ　②イ　③ア　④イ

アドバイス (3)・(4)各工場をつなぐパイプラインが陸上だけでなく，海底にも通っています。コンビナートには，広い工業用地と大型《おおがた》船が接岸《せつがん》できる深い港が必要です。

2 (1)①99　②2
(2)大工場
(3)【例】(それぞれの工場が協力して，)高い品《ひん》質《しつ》の製品《せいひん》をつくっている。
3 ①オ　②ア　③イ

アドバイス 現在の自動車工業では，水素と酸素《さんそ》で電気をつくり，水だけを排出《はいしゅつ》して走る燃料電池車や，電気でモーターを回すため，二酸化炭素《にさんかたんそ》を排出しない電気自動車など環境《かんきょう》にやさしい車がつくられています。

11 自動車をつくる工業　(66ページ)

1 (1)①(え)　②(い)　③(あ)　④(う)
(2)ロボット
(3)検査《けんさ》
(4)自動車専用《せんよう》船（船）

アドバイス (2)人間がするような仕事を，自動的に行うことができる機械をロボット(産業用ロボット)といいます。手の動きをするアーム，脳《のう》にあたるコンピューター，物の形や位置などを調べるセンサーからなっています。

2 (1)ウ　(2)Ⓑ
(3)関連工場(協力《きょうりょく》工場，部品工場)　(4)Ⓒ

アドバイス (2)・(3)・(4)関連工場には，組み立て工場から注文を受けて部品をつくる工場と，その工場からさらに細かい部品の注文を受けて仕事をする工場があります。

3 ①△　②○　③○　④△

アドバイス 今の自動車は，ユニバーサルデザインや，未来に向けて環境を大切に守りながらつくられています。

12 確認《かくにん》テスト② (67ページ)

1 (1)機械　(2)イ　(3)中国(中華人民共和国《ちゅうかじんみんきょうわこく》)
(4)①○　②×

アドバイス (2)機械工業のわりあいが大きいことに着目します。中京《ちゅうきょう》工業地帯にある愛知《あいち》県豊田《とよた》市には，世界有数の自動車会社の本社があります。自動車は機械工業にふくまれます。(4)①軽工業は食料品工業やせんい工業など，比かく的軽いものをつくる工業。重化学工業とは，機械，金属，化学工業といった比かく的重量のあるものをつくる工業です。

2 (1)①養しょく　②さいばい
(2)【例】200海里《かいり》水域《すいいき》が決められ，漁が制限《せいげん》されたから。
(3)【例】魚の値段《ねだん》とそれを買う人

アドバイス (1)養しょく業は，たまごから成魚になるまで育て出荷します。

3 (1)食料自給率《りつ》　(2)ウ
(3)【例】遠くから食料を運ぶより，なるべく住んでいる土地で生産されたものを使うこと。

13 運輸《うんゆ》と貿易《ぼうえき》 (68ページ)

1 (1)①船　②自動車
(2)高速道路(高速自動車国道)
(3)①コンテナ(貨物，荷物)　②原油(石油)

アドバイス (1)①1960年代から高速道路が全国で整備《せいび》され，自動車輸送のわりあいが大きくなりました。(3)①コンテナとは，中に貨物を入れるための容器のことです。コンテナは同じ大きさでつくられていて，積みおろしがかんたんなので，海上輸送では大型のコンテナ船が利用されます。

2 (1)輸出品－せんい品，輸入品－せんい原料
(2)輸出品－機械類，輸入品－機械類　(3)アジア
(4)船

アドバイス (3)アジア地域《ちいき》で生産された，安くて品質のよい工業製品《せいひん》が輸入されています。

3 (1)①中国(中華《ちゅうか》人民共和国)
②中国(中華人民共和国)
(2)原油(石油)
(3)【例】つくる費用が安くおさえられる。

アドバイス (3)海外で生産して現地で売り出す商品には，関税《かんぜい》がかからないため，その分値段《ねだん》を下げることができます。

14 情報《じょうほう》とくらし (69ページ)

1 (1)マスメディア(メディア)
(2)①ⓘ　②ⓔ　③ⓤ　④ⓐ
(3)編集長《へんしゅうちょう》(編集責任者，プロデューサー)
(4)アナウンサー(キャスター，ニュースキャスター)

アドバイス (4)テレビのニュース番組の進行役をキャスターといいます。原稿《げんこう》を読むアナウンサーとはっきりした区別はありません。

2 (1)情報通信技術《じょうほうつうしんぎじゅつ》(ＩＣＴ《アイシーティー》)
(2)ＳＮＳ《エスエヌエス》
(3)①○　②×　③○　④○
(4)ウ

アドバイス (1)今日の社会は，情報の生産や伝達がひじょうに重要な役わりを果たしています。このような社会を情報化社会(情報社会)といいます。コンピューターをはじめ，情報通信技術の発達が，情報化社会を支《ささ》えています。(4)情報には，まちがったものも多いため，いろいろな情報の中から正しいものを選び出し，活用する能力や技能を身につけることが大切です。

15 生活と環境《かんきょう》 (70ページ)

1 (1)地震《じしん》　(2)緊急地震速報《きんきゅうじしんそくほう》
(3)【例】プレート(大地)にずれが生じて，海水が大きく動くため。(海底で地震が起きて，海面が上下して発生する。)
(4)ハザードマップ

2 (1)3分の2　(2)天然林　(3)間《かん》ばつ
(4)①木材　②水(雨水)　③空気

アドバイス (1)日本の森林は広く，国土の約3分の2をしめています。各地で林業がさかんでしたが，近年，輸入木材におされて林業で働く人は年々少なくなっています。

3 (1)そう音・しん動　(2)①イタイイタイ病
②四日市《よっかいち》ぜんそく　③水俣《みなまた》病
(3)①水のよごれ　②大気のよごれ
(4)公害対策基本法《こうがいたいさくきほんほう》　(5)下水道　(6)白神山地《しらかみさんち》

16 確認《かくにん》テスト③ (71ページ)

1 (1)ウ　(2)①ウ　②ア　③エ　④イ

アドバイス (1)かつては船が貨物輸送の中心でしたが，高速道路の整備や自動車の普及《ふきゅう》がすすみ，自動車が輸送の中心になりました。

2 ア・オ（順番はちがっていても正解。）

アドバイス インターネットでは，だれでも自由に情報を発信することができますが，人のひみつや，人を傷《きず》つける情報は発信しないようにします。

3 (1)東日本大震災《ひがしにほんだいしんさい》　(2)津波《つなみ》
(3)土砂《どしゃ》くずれ(土砂災害《さいがい》)　(4)二酸化炭素《にさんかたんそ》
(5)イタイイタイ病
(6)知床《しれとこ》，白神《しらかみ》山地，小笠原諸島《おがさわらしょとう》，屋久島《やくしま》のうち2つ書いてあれば正解。

理　科

1 種子《しゅし》の発芽《はつが》　(72ページ)

1 ①㋑　②㋐と㋑　③空気

アドバイス 種子の発芽の条件《じょうけん》は，水，空気，適《てき》当《とう》な温度です。㋒では，種子を水にしずめたので，空気にふれていません。

2 ①イ　②㋑
3 ①ア　②イ　③でんぷん
4 ①でんぷん　②ア　③発芽

アドバイス 種子を切ってヨウ素液《そえき》をつけると，でんぷんがあるために青むらさき色になります。このでんぷんは，種子が発芽するための養分として使われます。

2 植物の成長と肥料《ひりょう》・日光　(73ページ)

1 ①イ　②Ⓑ　③ア

アドバイス ①　植物の成長と肥料の関係を調べるので，土には，肥料をふくむ花だんの土ではなく，肥料をふくまないバーミキュライトを使います。
③　植物がよく成長するためには肥料が必要です。

2 ア，ウ

アドバイス 日光を当てないで育てた植物の葉は黄色っぽくて小さく，くきは細くてひょろひょろとのびていきます。

3 ①肥料　②日光　③㋑
4 ①㋑　②水に肥料がふくまれているため。

アドバイス ウキクサは育つと数がふえていくので，数のふえ方を調べれば成長のようすを比《くら》べやすくなります。

3 天気の変化　(74ページ)

1 ①雲の量　②くもり，晴れ
③雲画像

アドバイス ③　雲画像《くもがぞう》は，人工衛星《じんこうえいせい》が上空から広いはんいの雲のようすをとらえて送ってきたデータをもとにつくられています。

2 ①らんそう雲　②けん雲
③積らん雲　④積雲
3 ①Ⓑ→Ⓐ→Ⓒ　②Ⓒ　③ウ
4 ①晴れるに○　②悪くなるに○
③雨になるに○

アドバイス ①　西の空に雲がなければ，夕日が見えます。②　にじは，太陽の反対側の空にある水のつぶに光が反しゃして見えるので，朝，西の空ににじが見えるときは，東にある太陽の反対側の西の空で，雨がふっていると考えられます。

4 台風と天気　(75ページ)

1 ①台風　②Ⓑ　③ウ　④イ
2 ①イ　②強い風がふき，大量の雨がふる。
③こう水，土しゃくずれ，建物や木などがたおされる。（どれか1つでもよい。）
④水不足が解消《かいしょう》されることがある。

アドバイス 台風は日本の南のほうの海上で発生し，その多くは西のほうへ進んでからやがて東や北のほうへ進んでいきます。台風による大雨は，わたしたちの生活に必要な水しげんでもあります。

5 確認《かくにん》テスト①　(76ページ)

1 ①㋑，㊁　②水
③発芽のための養分は，種子《しゅし》にふくまれているから。

アドバイス 発芽の条件《じょうけん》は水，空気，適当《てきとう》な温度なので，水をあたえなかった㋐と㋒が発芽しません。

2 ①㋐　理由…肥料をあたえなかったから。
㋒　理由…日光に当てなかったから。
②肥料，日光
3 ①雲　②晴れる。

アドバイス 日本付近の天気は，西から東へ変わっていきます。雲画像《くもがぞう》を見ると，大阪《おおさか》では，西側に雲がほとんどないので，次の日は晴れると考えられます。

4 ①ウ　②南　③イ，エ

アドバイス 台風は，日本の南の海上で発生し，北上して日本列島に近づいてきます。台風が近づくと，雨の量がふえ，風も強くなり，ひ害が出ることもあります。

6 魚や人のたんじょう　(77ページ)

1 ①イ，エ　②Ⓐ
2 ①Ⓓ→Ⓑ→Ⓐ→Ⓒ　②ウ　③受精卵

アドバイス めすが産んだたまご（卵《らん》）とおすの出した精子《せいし》が受精《じゅせい》してできた受精卵は，中のようすが変化しながら成長していきます。Ⓐ～Ⓓを成長の順にならべると，次のようになります。

- あわのようなつぶが散らばっている。（Ⓓ）
- からだのもとができる。
- 目がはっきりしてくる。（Ⓑ）
- 心ぞうの動きや血液《けつえき》の流れがわかる。
- たまごの中で動く。（Ⓐ）
- たまごからうまれる。子メダカにははらにふくらみがある。（Ⓒ）

3 ①受精
②㋐…ア　㋑…ウ
4 ①子宮

②あ…エ　い…イ　う…ア
③子ども（たい児）と母親（たいばん）をつないでいて，養分などが通る。

アドバイス　羊水《ようすい》には，子ども（たい児）をしょうげきなどから守るはたらきがあります。

7 実や種子《しゅし》のでき方 (78ページ)

1 ①ア…おしべ　イ…めしべ　ウ…花びら
エ…がく
②Ⓑ…お花　Ⓒ…め花
③ア…キ　イ…コ

アドバイス　ヘチマやカボチャ，ツルレイシには，お花とめ花があり，お花にはおしべだけ，め花にはめしべだけがついています。

2 ①Ⓐ…対物レンズ　Ⓑ…反しゃ鏡
②イ，エ

3 ①ほかの花の花粉がめしべにつかないようにするため。
②イ

8 確認《かくにん》テスト② (79ページ)

1 ①ウ　②イ　③Ⓐ　④種子《しゅし》

アドバイス　①　アサガオは花がさく前に，1つの花の中で受粉《じゅふん》してしまうので，おしべをとりのぞいておきます。
③④　受粉すると，めしべのもとのところが育って実ができます。実の中には種子ができます。

2 ①あ…せびれ　　い…しりびれ
②ア

アドバイス　メダカのおす・めすは，せびれとしりびれで見分けます。おすは，せびれに切れこみがあり，しりびれの後ろの部分が長くなっています。めすは，せびれに切れこみがなく，しりびれの後ろの部分が短くなっています。

3 ①受精　②子宮
③ア…たいばん　イ…へそのお　ウ…羊水
④イ

アドバイス　①②　卵（卵子《らんし》）と精子《せいし》が結びつくことを受精《じゅせい》といい，受精した卵を受精卵《じゅせいらん》といいます。受精卵は，母親の子宮《しきゅう》の中で育ちます。

9 流れる水のはたらき (80ページ)

1 ①大きくなる。（深くなる。）
②あ…イ，ウ　い…ア，エ　③イ　④イ

アドバイス　①　水の量をふやすと，水が土をけずるはたらきが大きくなるので，かたむきが大きいところではみぞは深くなります。
②　曲がって流れているところの外側（い）は，流れが速く，土がけずられます。
③　流れがゆるやかなところでは，たい積のはたらきが大きくなるので，流されてきた土が積もります。
④　流れている水は，土やすなを運んでいるのでにごっていますが，コップに入れておくと，やがて土やすなが底にたまるので，水はすきとおってきます。

2 ①Ⓐ　②Ⓒ
③あ…Ⓒ　い…Ⓐ　う…Ⓑ
④上流から下流へ運ばれるうちに，角《かど》がけずられ（てだんだん小さく，丸くな）るから。
⑤イ
⑥森林の土には，水をためて，水がゆっくり流れるように調節するはたらきがあるから。

アドバイス　⑤　さぼうダムは，川底がけずられて石やすなが一度に流されるのを防《ふせ》ぐ工夫《くふう》です。
⑥　森林に雨がふると，かれ葉などが積もった土に雨水がしみこみます。しみこんだ雨水はやがてわき水となって少しずつ流れ出します。このように，森林があることによって，ふった雨が一度に流れ出ないようになります。

10 水《すい》よう液《えき》ととけるものの量 (81ページ)

1 ①食塩…イ　コーヒーシュガー…ウ
②水よう液

アドバイス　②　水にものがとけて全体に広がり，すきとおった液を水よう液といいます。

2 ①食塩水（食塩がとけた水よう液）
②172g　③120g

アドバイス　③　水よう液の重さは，次のように表されます。
水よう液の重さ＝水の重さ＋とかしたものの重さ
この式より，食塩水の重さは，
100＋20＝120〔g〕

3 ①イ　②イ
4 ①60g　②ウ　③とける。

アドバイス　①　50＋10＝60〔g〕②　はじめに食塩10gがとけています。この食塩水にさらに5g入れたらとけましたが，次に5g入れたらとけ残りができました。よって，50gの水に15gの食塩はとけますが，20gの食塩はとけないことになります。

11 とけているもののとり出し方 (82ページ)

1 ①Ⓐ　②ウ
③水の量をふやす，液の温度を上げる。
2 ア△　イ○　ウ□　エ×

アドバイス　ウ　ミョウバンや食塩などのつぶは，規則正しい形をしています。このようなものを結しょうといいます。

3 ①ウ

②・液はガラスぼうに伝わらせて注ぐ。
・ろうとの先のとがったほうをビーカーの内側のかべにつける。
③ミョウバン
④水をじょう発させる。

アドバイス ミョウバンやホウ酸などのように，水にとける量が水の温度によって大きく変わる場合は，水《すい》よう液《えき》を冷やしてとけているものをとり出します。食塩などのように，水の温度が変わっても水にとける量がほとんど変わらない場合は，水よう液の水をじょう発させて，とけているものをとり出します。

12 実験器具の使い方 (83ページ)

1 ①ウ　②ウ
2 ウ→ア→イ→エ
3 ①低倍率　②150倍
③イ

アドバイス ①　まず低倍率で観察し，観察物が視野の中央にくるようにします。
②　けんび鏡の倍率＝接眼レンズの倍率×対物レンズの倍率

4 ①イに○　②アに○

アドバイス ①　ろうとに液を注ぐときは，ガラスぼうに液を伝わらせて静かに注ぎます。

13 確認《かくにん》テスト③ (84ページ)

1 ①外側(あ)　②ウ
③ア，イ

アドバイス ③　水の量が多くなると，けずるはたらき（しん食）と運ぶはたらき（運ぱん）がさかんになります。

2 上流…イ，ウ　下流…ア，エ

アドバイス 上流では土地のかたむきが急で，水の流れが速く，川はばがせまくなっています。また，石は大きく，角ばっています。

3 ①ウ　②ウ
③65 g

アドバイス ③　さとうの水《すい》よう液《えき》の重さは，次のように表されます。
さとうの水よう液の重さ＝水の重さ＋さとうの重さ

4 ①20.4 g
②24.9 g

アドバイス ①　28.7－8.3=20.4〔g〕
②　28.7－3.8=24.9〔g〕

14 電磁石《でんじしゃく》の性質《せいしつ》 (85ページ)

1 ①コイル
②電磁石
2 ①ア
②落ちる（はなれる）。

アドバイス ②　電磁石は電流を流したときだけ磁石になります。また，ふつうの磁石と同じように鉄を引きつける力は両はしにあり，自由に動けるようにすると，南北をさして止まります。

3 ①鉄のくぎ
②イ
③㋐
④㋒
⑤(あ)…多い　(い)…大きい（強い）

アドバイス ②　調べたい条件以外の条件は同じにしなければならないので，コイルのまき数がちがう電磁石の強さを比べるときは，導線の長さは変えません。

15 ふりこのきまり (86ページ)

1 ①(あ)　②1.5秒

アドバイス ①　(い)，(う)，(え)は，どれもふりこのふれはばを表しています。
②　(15.5+15.4+15.3)÷3=15.4〔秒〕
15.4÷10=1.54〔秒〕
よって，小数第2位を四捨五入《ししゃごにゅう》して，1.5〔秒〕

2 ①ふれはば，ふりこの長さ
②イ

アドバイス ①　ふりこのおもりの重さを変えて，1往復《おうふく》する時間をはかるときは，おもりの重さ以外の条件《じょうけん》は同じにします。

3 ①ア…Ⓐ（と）Ⓑ　イ…Ⓐ（と）Ⓒ
ウ…Ⓐ（と）Ⓓ
②Ⓑ　③イ

アドバイス ②③　ふりこが1往復する時間は，ふりこの長さによって決まり，ふりこの長さが長いほど1往復する時間は長くなります。

16 確認《かくにん》テスト④ (87ページ)

1 ①イ，エ　②イ
③ア

アドバイス ③　かん電池の＋《プラス》極と－《マイナス》極を反対にすると，電流の向きが反対になり，電磁石にできるN極とS極も反対になります。

2 ①㋓　②270 mA

アドバイス ①　㋐～㋒は－たんし，㋓が＋たんしです。

3 ①ア…長くなる。　イ…変わらない（同じ）。
ウ…変わらない（同じ）。
②ふりこの長さを短くする。

国語

1 場面から心情《しんじょう》を読み取ろう①（88ページ）

■ ①ぐんぐん　②りょうじゅう
③イ　④群れ　⑤ア

アドバイス

■　①ガンの群れが、勢《いきお》いよく近づいてくる様子がよく伝わる表現《ひょうげん》です。③このあとで、大造《だいぞう》じいさんの予想とはちがう行動を、残雪《ざんせつ》が取ったことから考えます。④大造じいさんが考えていたようにはならなかったのです。前の二つの段落《だんらく》から、残雪の取った行動をとらえましょう。⑤残雪が見事に群れを導《みちび》いたために大造じいさんの計画が台なしになった、ということから考えましょう。

2 場面から心情を読み取ろう②（89ページ）

■ ①昨年じ　～　る地点
②〈例〉（昨年建てた）小屋の中にもぐりこんでいた。
③真一文字に　④イ　⑤飼う　＋　慣らす

アドバイス

■　②前の部分から、大造じいさんがどのようにしていたのかを読み取りましょう。③残雪を先頭にして、群れは朝の空を「真一文字に横切ってやってきた」とあります。④直前に、「大造じいさんのむねはわくわくしてきた。」とあります。大造じいさんの気持ちは高ぶってきていたのです。それで、今度こそうまくやるために、冷静になろうとしたのです。

3 漢字を読もう書こう①（90ページ）

1 ①ま　②に　③かいひ
④ほけん・にんめい
⑤こっきょう（くにざかい）　⑥こじん
⑦へいきん　⑧かめん　⑨よび　⑩ぶっか
⑪じけん　⑫しゅうがく　⑬ぶつぞう

2 ①約束　②失敗　③道徳　④栄養・料理
⑤季節　⑥位置

3 ①加える　②戦う　③続ける　④群れる

アドバイス

3　②「戦かう」、④「群る」と書かないように注意しましょう。

4 漢字を読もう書こう②（91ページ）

1 ①さいしゅう　②おうふく　③さいげん
④しょうぼう　⑤やせい　⑥きょうぎ
⑦じょうけい　⑧じゅぎょう　⑨れきし
⑩しゅちょう　⑪ふじん　⑫ほけん

2 ①㋐こころよ　㋑かいせい
②㋐な　㋑しゅうかん

3 ①似顔絵　②仏像　③平均　④事件
⑤物価・保　⑥個別

4 ①任せる　②備える　③修める　④増える

アドバイス

3　③「均」を「均」としないよう注意しましょう。

4　③「修る」、④「増る」と書かないように注意しましょう。

5 和語・漢語・外来語／複合語《ふくごうご》（92ページ）

1 ①イ　②ア　③ウ　④ア　⑤ウ　⑥イ

2 ①〈例〉許可　②〈例〉みんな
③〈例〉スピード　④〈例〉機会（好機）

3 ①読む　＋　終わる
②くり　＋　拾う
③暑い　＋　苦しい

4 ①見守る・みまもる
②雨がさ・あまがさ
③作り話・つくりばなし

アドバイス

1　訓で読む言葉は和語、音《おん》で読む言葉は漢語です。④「目印」は訓で読むので和語です。

2　①漢語なので、音で読む言葉に変えます。

3　元になった言葉の形が変わっている部分に注意しましょう。①「読み」←「読む」、②「拾い」←「拾う」、③「暑」←「暑い」。

4　複合語《ふくごうご》になるときに言葉の形や発音が変わることがあるので、注意しましょう。①「見る」→「見」のように形が変わります。②「あめ」→「あま」、「かさ」→「がさ」のように発音が変わります。③「作る」→「作り」のように形が変わり、「はなし」→「ばなし」のように発音が変わります。

6 漢字を読もう書こう③（93ページ）

1 ①まね　②ま　③そんがい　④ていあん
⑤うんが　⑥げんしょう　⑦こんどう
⑧すいじゅん　⑨そくてい　⑩えんぜつ
⑪はんにん　⑫えきたい　⑬どくとく
⑭せつぞく　⑮せいけつ

2 ①教授　②情熱　③国際　④採用　⑤婦人服
⑥往復

3 ①快い　②慣れる　③険しい　④防ぐ

アドバイス

2　⑥「往」は、形の似《に》た「住」と書きまちがえないように注意します。

3　①「快《こころよ》い」、②「慣《な》れる」の送りがなはまちがえやすいので、注意しましょう。

7 漢字を読もう書こう④ （94ページ）

1 ①よざくら　②ふねん　③はさん
④のうりょく　⑤けんさ　⑥ひりょう
⑦えだ　⑧こうせい　⑨はんが　⑩せんぞ
⑪がんか　⑫りゃくず　⑬せいかく

2 ①㋐あらわ　㋑さいげん
②㋐たし　㋑かくりつ

3 ①演説　②提出　③接　④銀河　⑤単独
⑥清潔

4 ①招く　②測る　③混ぜる　④減らす

アドバイス

3　⑥「潔」は細かい部分も正確《せいかく》に書きましょう。
4　③「混る」、④「減す」と書かないように注意しましょう。

8 確認《かくにん》テスト① （95ページ）

1 ①イ　②大造じいさん
③にらみつけ(て)・(もうじたばた)さわがなかった
④〈例〉強く心を打たれて、ただの鳥に対しているような気がしなかった。

2 ①しらなみ・白波　②ふなたび・船旅
③かざぐるま・風車

3 ①競技・準備　②液体・検査　③性格・似

アドバイス

1　②近づいてきた大造《たいぞう》じいさんを、残雪《ざんせつ》にとっての「第二のおそろしいてき」と表しています。第一のてきはハヤブサです。④最後の部分から、残雪に対する大造じいさんの思いをとらえましょう。
2　①「しろ」→「しら」、②「ふね」→「ふな」、③「かぜ」→「かざ」、「くるま」→「ぐるま」というように発音が変わります。

9 内容《ないよう》を正しく読み取ろう① （96ページ）

■ ①動く画を乗せているから。
②ウ
③情報量が多い(こと)。・わかりやすい感じがする(こと)。〈順不同〉
④〈例〉(すぐに「わかったつもり」になるほど)わかりやすいから。
⑤だが

アドバイス

■　①テレビや新聞などの情報《じょうほう》量について述《の》べている一文めに注目します。②「大切な要素《ようそ》」をふくむ文にある「このこと」が何を指すのかを考えましょう。③すぐ前の部分を読みましょう。④最後から二つ前の文の「テレビに人気が……ある。」に注目しましょう。「なぜですか」と問われているので、理由を述べる言い方で答えます。⑤□のあとの文は、前の内容《ないよう》に反するような内容です。

10 内容を正しく読み取ろう② （97ページ）

■ ①(ことがらの)本質や全体　②イ
③しかも　④全体を～ている
⑤ウ

アドバイス

■　②「ぬりつぶした部分だけをテレビカメラが切り取る」とあります。「テレビカメラが切り取る」とは、その部分だけをテレビがうつす、つまり報道《ほうどう》するということです。③前後のつながりを考えます。あまり報道されない「全体の四角形」が「もっと大切な全体的状《じょう》きょう」であったりすることに加え、「問題の根源《こんげん》」が「白地の部分（＝あまり報道されない部分）からきていることも多い」というつながりです。④二つ前の文に注目しましょう。⑤筆者は、わたしたちが「本質《ほんしつ》や全体を見失ってしまいがち」で、「白地の部分（＝報道されないこと）を考えないようになってしまっている」ことはよくないとし、本質的なものを見ること、考えることの大切さを伝えようとしています。

11 漢字を読もう書こう⑤ （98ページ）

1 ①しょうひぜい　②ふくすう　③にってい
④せいせき　⑤とうけい　⑥そうごう
⑦ちょうへん　⑧せいしん　⑨めんおりもの
⑩しょくぎょう　⑪きぜつ　⑫こうち

2 ①㋐うつ　㋑いどう　②㋐へ　㋑けいれき

3 ①桜　②燃　③才能　④肉眼　⑤枝豆　⑥肥

4 ①破れる　②構える　③現れる　④確かめる

アドバイス

4　③「現《あらわ》れる」、④「確《たし》かめる」の送りがなはまちがえやすいので、注意しましょう。

12 漢字を読もう書こう⑥ （99ページ）

1 ①と　②か　③もう　④ゆる　⑤かんしゃ
⑥しょうめい　⑦にさんか　⑧ちしき
⑨こうひょう　⑩どう　⑪ゆにゅう
⑫かてい　⑬あいご　⑭ざいさん
⑮こうどう　⑯とっきょ　⑰こうざん
⑱しりょう

2 ①税金　②業績　③伝統　④総画数　⑤精根
⑥職業

3 ①絶える　②移る　③耕す　④編む

アドバイス

2　②「績」を「積」と書かないように注意しましょう。⑤「精根《せいこん》」は、「物事をしようとする精力と根気。体力と気力」のことです。

13 同じ読み方の言葉／熟語《じゅくご》の構成《こうせい》 （100ページ）

1 ①イ ②ア ③イ ④イ
2 ①㋐指名 ㋑氏名 ②㋐関心 ㋑感心
③㋐以外 ㋑意外
3 ①ウ ②イ ③エ ④ア ⑤オ ⑥エ
4 ①清潔 ②夫妻 ③熱湯 ④登山 ⑤無害

アドバイス

1 ④「対照」は「二つのものを照らし合わせて、比《くら》べること」、「対象《たいしょう》」は「ある物事に働きかけるとき、そのめあてとなるもの」という意味です。
2 ②「関心」は「特に心をひかれること」、「感心」は「りっぱなことなどに深く心を動かされること」という意味です。
3 ①「海の」→「底」という構成《こうせい》です。③「消す」←「火を」、⑥「防《ふせ》ぐ」←「災《わざわ》いを」という構成です。
4 ③「熱い」→「湯」という構成の熟語。④「登る」←「山に」という構成の熟語。

14 漢字を読もう書こう⑦ （101ページ）

1 ①よろこ ②ことわ ③き ④げんそく
⑤せいげん ⑥じこ ⑦せいじ
⑧しょくどう ⑨ざつだん ⑩ちょきんがく
⑪りょうど ⑫きふ ⑬とくい
⑭びょういん ⑮はんだん ⑯ぞうきばやし
⑰ちょうかん ⑱こうか
2 ①感謝 ②愛護 ③証明 ④輸入 ⑤財産
⑥知識
3 ①解ける ②許す ③設ける ④飼う

アドバイス

1 ⑯「ぞうきばやし」という読み方を正しく覚えましょう。
2 ④「輸」は「輪」と書かないように注意。
3 ③「設る」と書かないように注意。

15 漢字を読もう書こう⑧ （102ページ）

1 ①あつ ②す ③けんちく ④たいど
⑤はんざい ⑥ていでん ⑦りえき
⑧じゅんじょ ⑨しんきょ ⑩きんぞく
⑪こうぞう ⑫きじゅつ ⑬べんとう
⑭えいぎょう ⑮いし ⑯こころざ
⑰ぎゃくてん ⑱さか
2 ①夕刊 ②大判 ③雑音 ④横断歩道
⑤本領 ⑥額
3 ①断る ②喜ぶ ③得る ④効く

アドバイス

1 ⑯「志《こころざ》す」とは「あることをしよう、また、あるものになろうと心に決める」ことです。
3 ①「断わる」、②「喜こぶ」と書かないように注意しましょう。

16 確認《かくにん》テスト② （103ページ）

1 ①ウ
②マス・メディアから提供される情報。
③必要・正確 〈順不同〉 ④ア
2 ①器官 ②期間 ③機関
3 ①知識・判断 ②複雑・構造 ③弁護・感謝

アドバイス

1 ①「報道《ほうどう》されなければ存在《そんざい》しない」とさっ覚するとは、つまり、報道されることがすべてだと思うということです。②「それ」はすぐ前にある内容《ないよう》を指しています。④筆者は、報道されることがすべてだとわたしたちがさっ覚し、情報《じょうほう》を見定めることはないと述《の》べることで、その危険性《きけんせい》を伝えようとしていることを読み取りましょう。

17 情景《じょうけい》と作者の感動をつかもう （104ページ）

①ある・水平線
②どこまでも
③空とはちがうぞと
はっきりとある
④ほんとうの強さ ⑤イ

アドバイス

②第一連《れん》では「一直線にある」が、第二連では「はっきりとある」がくり返されていることに注目して考えます。③「空とはちがうぞと」で、水平線が人のような気持ちをもっているかのように表しています。⑤「一直線にある」→「はっきりとある」→「どこまでもある」というように、表現《ひょうげん》が変化していくことに注目しましょう。

18 文語表現《ひょうげん》に親しもう （105ページ）

①三・五
②雨の音・雷（かみなり・らい）の音 〈順不同〉
③イ ④ウ ⑤文（古）

アドバイス

この詩には、次のような情景《じょうけい》がえがかれています。明るく晴れていた八月の山の昼、急に雨がふり始め、遠くに雷《かみなり》の音が聞こえる。（第一連）→ 雨は草を鳴らすほどすさまじくなり、はげしい雨の音と雷の音がまじって聞こえる。（第二連）→ しかし、まもなく雨はやんで、青空が広がり、日が照ってきて、辺りは静かになった。（第三連）
④「照りぬ」は、「照ってきた」という意味です。⑤昔の書き言葉で書かれた詩を文語《ぶんご》詩、それに対して現代《げんだい》の話し言葉で書かれた詩を口語《こうご》詩といいます。

19 漢字を読もう書こう⑨ （106ページ）

1 ①まよ ②ひさ ③ころ ④あま
⑤てきせつ ⑥だんけつ ⑦げんいん
⑧しゅじゅつ ⑨かのう ⑩ごく
⑪えいせい ⑫よぶん ⑬さいかい
⑭さんみゃく ⑮じむ ⑯こうしゃ
⑰せいりょく ⑱あんさつ

2 ①建築 ②記述 ③逆転 ④過去
⑤態度 ⑥順序

3 ①志す ②過ぎる ③述べる ④逆らう

アドバイス

2 ①「築」は細かい部分も正確《せいかく》に書きましょう。

3 ①「志ざす」、④「逆う」と書かないように注意しましょう。

20 漢字を読もう書こう⑩ （107ページ）

1 ①はか ②つま ③みちび ④ささ
⑤みき ⑥しんかんせん ⑦おうよう
⑧もうふ ⑨にちじょう ⑩きょうし
⑪むちゅう ⑫ほうこく ⑬ざいこうせい
⑭きほん ⑮あつりょく ⑯はつゆめ
⑰どうにゅう ⑱そせん

2 ①迷 ②団地 ③原因 ④可能 ⑤衛星
⑥最適

3 ①再び ②務める ③勢い ④久しぶり

アドバイス

2 ⑤「衛」の真ん中の部分の形を正確《せいかく》に覚えましょう。

3 ①「再たび」、③「勢おい」と書かないようにしましょう。②「務《つと》める」は「役目を受け持つ」という意味です。「努力して行う」という意味の「努める」とまちがえないように注意。

21 敬語《けいご》 （108ページ）

1 ①イ ②ア ③ウ ④イ ⑤ウ

2 ①イ ②ア ③ア ④イ ⑤ア

3 ①いらっしゃいます ②さし上げます
③ごらんになって

4 ①音楽室です
②お答えになった（答えられた）
③うかがった（お聞きした）
④めし上がって（お食べになって）

アドバイス

2 それぞれ、だれの動作に対していうかに注意して、尊敬語《そんけいご》とけんじょう語を使い分けます。①・③・⑤は尊敬語、②・④はけんじょう語を選びます。
⑤「くださる」は「くれる」の尊敬語、「いただく」は「もらう」のけんじょう語です。

3 ①「いらっしゃる」、③「ごらんになる」は尊敬語、②「さし上げる」はけんじょう語です。

4 ②・④「お(ご)～になる」「～られる(れる)」という言い方で尊敬語になります。④「食べる」には「めし上がる」という特別な言い方の尊敬語もあります。③「お(ご)～する」という言い方でけんじょう語になります。「聞く」には「うかがう」という特別な言い方のけんじょう語もあります。

22 漢字を読もう書こう⑪ （109ページ）

1 ①やさ ②くら ③ひりつ ④えいえん
⑤じょうたい ⑥ちょうさ ⑦きんし
⑧ぶき ⑨ぼうりょく ⑩しんきゅう
⑪さんそ ⑫しじ ⑬りゅうがく ⑭かさい
⑮ようい ⑯えきしゃ ⑰むしゃ
⑱じょうけん

2 ①夢 ②予報 ③支店 ④平常心
⑤毛布 ⑥墓参

3 ①幹 ②妻 ③導 ④支

アドバイス

3 ③送りがなが「導く」であることにも注意しましょう。

23 漢字を読もう書こう⑫ （110ページ）

1 ①か ②せ ③すく ④ゆた ⑤まず ⑥つ
⑦しりょう ⑧ぼうえき ⑨しつもん
⑩せいぎ ⑪きそく ⑫せいひん
⑬きょうみ ⑭しょうじょう ⑮さんせい
⑯きゅうしゅつ ⑰せきにん ⑱ひじょう

2 ①留 ②旧式 ③調査 ④武芸 ⑤暴力
⑥防災

3 ①暴れる ②比べる ③示す ④率いる

アドバイス

3 ②「比る」、④「率る」と書かないようにしましょう。

24 確認《かくにん》テスト③ （111ページ）

1 ①紙風船 ②打ち上げよう
③紙風船・(美しい)願いごと ④イ

2 ①おっしゃる ②いただく ③うかがう

3 ①妻・賛成 ②適切・指示 ③教師・責任

アドバイス

1 ①詩の題名に注目します。③「……のように」というたとえる言い方に注目します。④「もっと高く／もっともっと高く／何度でも」に、あきらめないでいようという気持ちが表れています。

2 ①「おっしゃる」は「言う」の尊敬語、②「いただく」は「もらう」のけんじょう語、③「うかがう」は「たずねる。聞く。訪問《ほうもん》する」のけんじょう語です。